编写工作分工

　　本书是由北京教育学院学生发展研究中心专家季苹、涂元玲、赵雪汝等指导北京市房山区良乡第四小学"学生健康自我成长课程"开发团队的老师们编写完成的。编写分工如下：

　　李红莲，第二课时，全书统稿；

　　张雪莲，第一课时，第十课时，全书统稿；

　　雷璨，第三课时，第九课时；

　　邸锐，第四课时；

　　丁玉东，第五课时；

　　张贺双，第六课时；

　　郝芳，第七课时；

　　段南，第八课时。

学生健康自我成长课程

主　编　季　苹

副主编　涂元玲　赵雪汝　杨　玲

我的美好时光

李红莲　张雪莲　主编

教育科学出版社

·北　京·

扫一扫，下载教学用 PPT

"学生健康自我成长课程"说明

"学生健康自我成长课程"是一套响应国家对孩子们健康成长的深切关怀，基于研究者对学生发展和健康自我成长的长期学习和思考，由北京教育学院学生发展研究中心的研究者和基地学校的校长、老师共同开发的课程。

对"自我""健康自我"与"健康自我成长"的理解

在本课程中，"自我"是科学研究中的概念，不是日常话语中的"自我"。日常话语中的"自我"有时与"自私"接近，而科学研究中的"自我"是中性的科学术语。世界上没有两片完全一样的叶子，同样也没有两个完全一样的人。我们认为，每个人的自我不一样主要是由两个方面决定的：第一是需要不一样，第二是遇到事情的反应模式不一样。这就是自我的两个密码：需要密码和反应密码。

从个人与社会之间的关系看，"健康自我"主要包括个人自身、人际关系和环境适应三个方面。个人自身的健康发展主要表现为有觉察、调节和控制自己情绪的基本能力，了解自己的优缺点和内心需要，会进行自我规划；良好的人际关系主要表现为有同理心，善于沟通，拥有人际交往的能力，有亲密的朋友；良好的环境适应主要包括对自己生存的社会环境和自然环境的适应，表现为能够解决面对的问题和挑战，关心家庭、学校、社会和自然环境，了解和认同社会规范，有丰富的社会情感和基本的生活能力。三个方面由近及远，前者是后者发展的基础，后者的发展又反过来推动前者的发展。

健康自我的特征可以分为表现性特征、本质性特征和反省性特征三个层面。表现性特征是可以直接感受到的描述性特征，如积极应对问题、善于倾听、敢于表达自己的想法等；本质性特征是决定表现性特征的根源性内容，也是让表现性特征具有本质意义的特征，如在倾听中协调自己和他人的需要，从而产生爱和理想等；反省性特征体现自我的反身性，属于"元认知"，也就是通常所说的"自我意识"，主要包括情绪觉察、对需要是否合理的意识、对事实与意见即客观与主观的区分等。

"健康自我成长"总体上说也存在三个层次：情绪能力的发展、社会情感的发展和道德的发展。情绪能力主要指情绪觉察能力、情绪理解能力和情绪调节能力；社会情感是对社会的了解、认同，尤其是对社会对自己成长的意义的理解；道德是对自己、他人和对社会、自然的责任感。这三个层次体现了人从本能控制的自我走向社会性的自我然后走向道德自我的过程，是以自我的本质内涵的变化为划分标准的。

青少年尚处于发展阶段，其心理健康教育要以道德健康为方向，即要让他们初步理解爱、责任和理想是人生活的意义和获得幸福的原因。同时，青少年的道德健康要以心理健康为基础，也就是要让他们在保证自己安全和力所能及的情况下承担责任，在与人相处的过程中、在集体生活中逐渐产生社会情感。

学生对自我的认识以及学生自我的成长离不开家长、老师和同学等重要他人。"学生健康自我成长课程"从来不是学生独自学习的课程，而是师生一起学习的课程，也是孩子和父母一起学习的亲子课程。

"学生健康自我成长课程"的性质、目的与目标

本课程是在前面整体理解"自我""健康自我"及"健康自我成长"内涵的基础上设计的。性质是课程的定位，目的和目标是课程的灵魂，内容结构和活动是

课程的载体，后面谈到的互动、体验和练功 ① 是课程的机制。

"学生健康自我成长课程"的性质是心理成长课程，但又有其特殊性

本课程是心理成长课程，关注学生内心世界的成长，也就是相对于"身"的"心"的成长。

我们关注学生道德的形成，但本课程将道德形成的心理基础作为主要目标，即将情绪觉察、情绪理解和情绪调节作为目标，将社会情感的形成和丰富作为目标，将对自我的灵魂的理解即爱和理想作为目标。

为什么不称其为"心理健康课"或者"心理成长课"，而是将其命名为"学生健康自我成长课程"呢？本课程是以对"自我"的理解为理论基础的，强调健康自我的整体性发展，即健康自我成长是以对"自我"的两个密码——需要密码和反应密码的理解和调整为轴心的螺旋式上升的过程。本课程与其他心理课程有很多相似之处，但具体内容和课程结构有自己的界定。

"学生健康自我成长课程"的目的是有层次的，并决定了课程内容的结构

本课程总的目的是帮助学生理解健康自我和形成健康自我发展能力。围绕这个总的目的，将健康自我内容的三个方面以及健康自我成长的三个层次结合起来考虑，形成四个层次的目的：第一层次的目的是要帮助学生学会情绪觉察和情绪理解，并让他们理解自我的两个密码，形成对自我的基本认识；第二层次的目的是要让学生理解美好的情绪情感，学会人际交往；第三层次的目的是丰富学生的社会情感，让学生理解融情商和智商为一体的大智慧；第四层次的目的是让学生在新的自我认识的基础上开始自我规划，成为负责任的自我。

本课程的整体内容结构主要是按照以上四个层次的目的安排的。

进一步说，"学生健康自我成长课程"的根本目的是学生幸福感的获得和健康自我发展能力的形成，即让学生在学习过程中获得幸福感，形成健康自我发展能力，实现真正的健康成长。获得幸福感包括能够有效地解决自己的问题、理解

---

① 本书中的"练功"指让学生自觉地将健康自我的知识和技能落实为一系列的行为习惯，练出健康自我的行为反应模式。

自己和他人、丰富自己的社会情感、让自己的心灵变得越来越滋润等。对应"幸福"目的，本课程在内容结构上有一个特殊的安排，即在关注问题解决的同时，还关注学生以怎样的心态解决问题。因此，我们在课程内容中增加了学生对美好情感的回忆，并使其在解决问题的过程中重视"美好回忆"的作用。

"学生健康自我成长课程"的目标是让学生形成真实的、可持续的健康自我发展能力

健康自我三个层面的特征（表现性特征、本质性特征和反省性特征）从理解健康自我的角度看是相对独立的，但是从目标实现的角度看，三者必须齐头并进、相互交融。让学生形成真实的、可持续的健康自我发展能力，是本课程的目标。如果学生能够理解表现性特征与本质性特征互为表里的关系，掌握具有本质意义的知识和技巧，就会形成真实的健康自我，而不是表面的健康自我。如果学生能够不断进行自我觉察和反思，就能看到自己成长的需要、成长的过程、成长带来的变化和成长的意义，就会不断地推动自我的发展，形成主动的、可持续发展的健康自我，形成健康自我发展能力。

"学生健康自我成长课程"的设计原则

本课程设计中我们主要遵循了以下几个原则。

以"螺旋式上升"保障健康自我成长及其同一性

课程是为学生成长设计的通道，对应"成长"，这个通道应该是自然"上升"的，而且"上升"是持续的，是前后"同一"的。这里的"同一"是心理学"自我同一性"中的"同一"，有统一、整合和自我确认的含义。这种"上升"在课程设计中通常被称为"螺旋式上升"，是课程设计的难点，也是我们努力的重点之一。要理解"螺旋式上升"，有两个关键点："螺旋"是什么？螺旋围绕的"轴"是什么？回答这些问题的过程实际上就是确定课程设计原则的过程。

发展与基础相结合的原则。成长是有层次的，是能够感受到"拔节"的。有了多个层次的考虑，教育的"引领"以及学生的"成长"才可能发生。但是，层次不是截然划分的。例如，在帮助学生理解"情绪觉察"的时候，需要帮助学生理解情绪觉察的意义、情绪觉察与情绪调整的关系，否则，学生会被动地进行情绪觉察。这样的安排实际上是以情绪觉察为重点的从情绪发生到调整过程的小的循环。这个循环不是水平的，而是从基础到发展、从过去向未来的自下而上的循环。这就是"螺旋式上升"。在这个过程中，学生在教师的带领下不断在过去中看到未来，又在当下的发展中体会过去基础的意义，这样的"螺旋式上升"保证了学生的"成长"。

以自我密码为轴心的原则。上升的"轴"是什么？自我同一的核心是什么？就是自我的两个密码：需要密码和反应密码。随着内容的丰富和拓展，对需要密码和反应密码的理解会不断丰富和加深；反过来，对需要密码和反应密码的不断理解又会统整越来越丰富的内容，让自我在丰富的同时，避免碎片化现象，内容得到整合，内核得到加强，成长的能力得到发展。

自我发展的原则。相信学生有自我发展的能力，并创造条件让学生实现自我发展。没有自我的主动发展，就不是自我的成长。这里要说明的是，教师要时刻收集客观信息诊断学生的成长需要和可能的进步幅度，而不要凭主观臆断低估或高估学生。

要为学生的"主动的看得见的成长"创造条件

以真实问题的解决为主要学习方式的原则。只有在解决面临的真实问题的时候，学生才会全身心投入地为自己而学，才会感受到成长，才会理解学习的意义。这样的主动是真正的主动。在本课程中，我们坚持将真实问题的解决作为学习与活动的主要方式，故事和游戏等其他方式只是课程的"配料"和"升华"。

以真实的成长需要决定内容取舍的原则。成长需要一定的挑战，让学生感受到自己"拔节"的过程。学生面对挑战时，一方面，解决这些有难度的问题是他们的真实需要；另一方面，解决这些有难度的问题也是他们愿意冲破重重困难的最强动力。问题解决中所蕴含的有效的实践逻辑和智慧一旦被揭示出来，学生完全可以感受和理解。由此可见，让学生接受挑战既有客观必要性，也有现实可能性。

要让学生同时看见外在和内在变化的原则。自我的成长要让学生自己看得见。首先是能够解决学生面临的真实问题，其次是要在解决问题的过程中帮助学生形成问题解决的能力。在这里，"问题解决能力"不是抽象的，它在本质上就是形成适合自己、他人以及外在环境的一系列反应模式，也就是一系列"功夫"。再往深处看，学生还要看见反应模式调整的背后有自己需要的调整和才能的调整，包括毅力和自信的变化。也就是说，学生不仅能看到当下的问题解决，还能看到内在的对未来更有意义的健康自我的成长。

让学生在"意义"的推动下学习

首先是有意义教学的原则。本课程中的教学过程不是过去的"知识技能—练习"过程，而是"真实问题—意义—知识技能—练习"的过程。从问题和意义开始，让学生自己生成解决问题的办法，充分尊重了学生的自尊，这样的过程才是一个健康自我成长的过程。

其次是重视情绪的积极运用的原则。在问题解决过程中，我们既重视情绪的控制，也重视情绪的积极运用。我们教给学生身心放松术，也觉得美好的回忆更能让人平静。我们希望学生有直面问题的勇气和能力，更有因为美好而形成的积极的情怀和心态。

最后是真实学习的原则。本课程的课堂是开放的，有大量的学生讨论，我们鼓励和期待学生表达生活中的真实困惑，让学生的真实自我充分发展，从而避免配合教师和成人要求的虚假自我的形成。

以活动为主要形式，以互动、体验和练功为成长的基本机制

成长是需要机制的，因此对健康自我成长机制的认识也是进行课程设计所需要的基本认识之一。成长需要活动，而且是真实问题解决的活动，不仅有外显的行为，更有心理活动。活动是形式，互动、体验、练功等是机制。人的存在是社会性存在，自我需要的满足常常与他人有关，因此，互动是自我成长所需要的基本机制。体验是情绪情感发展或者说自我唤醒的基本机制，本课程中的"情景再

现""情绪剧场"等都是课堂体验活动的形式。练功是学生成长的根本机制，没有练功，学生的学习会停留在认知上，无法转化为能力。本课程所设计的各课时的练功分享、两次"大功"的练功分享以及最后汇集的《健康自我成长·学生练功作品集》，都将鼓励学生坚持练功，感受练功带来的成长。

以嵌入的方式进行系统知识和技能的教学

问题解决是外在的成长，问题解决能力的形成是内在的成长，而后者是需要设计的。本课程将系统的知识和技能学习嵌入真实的问题情境中，让学生在问题解决的过程中自然生成和总结出系统的知识和技能。我们在教学用书编写中遇到的最重要也最艰难的工作首先是对"健康自我成长"的系统理解，然后将这种系统理解转化为学生所需要的具体知识和技能，并将其明确为目标，设计出相应的活动。这样设计出来的活动不是碎片化的，可以保证学生在活动中获得系统的知识和技能。

"学生健康自我成长课程"的特色

本课程的资源包括教学用书、学习手册以及今后要创设的练功分享平台。这是一套拿起来就能用，但需要长期坚持学习的课程，具体来说，有以下特色。

教育理论工作者与一线教师合作完成，实现理论与实践的结合

明晰教育者的理想、理念和了解孩子们的生活是编写教学用书的两个基本条件，因此，教育理论工作者与一线教师是编写教学用书的最好搭档。"学生健康自我成长课程"就是由北京教育学院学生发展研究中心的研究者与几所项目基地校的教师们合作编写的。大家一起研究、一起学习、一起编写教学用书、一起试教、一起讨论修改。这是一个美好的理论与实践相互促进、从无形（仅有想法）到有形（落实到活动）的过程，是一个共同成长的过程。

站在使用者角度，对教学过程进行了相对完整的设计

本课程的每个单元、每一课时都有清晰的目标，表达明确而且便于操作；活动与目标的对应保证了教学的方向性；指出了难点及突破难点的方法；说明开展活动要准备的材料并尽可能提供；有从"开课了"到"我学到了"全过程的具体设计，有每个环节如何引导的"说明"；每个课时都提供了相应的理论依据，每册教学用书都提供了参考文献；配合每册教学用书设计了教学用的 PPT……。这些都保证了教学用书"拿起来就能用"，不仅老师能用，家长也能用。

每册书一个主题，便于集中学习和练功

本课程每册书都有一个主题，让学生在一个学期内完成相对完整的某一方面知识、技能的学习和练功，使学生能够在一学期结束时感受到自己的成长。

本课程每学期共 10 个课时，前 8 个课时是系统学习，每周 1 个课时，连上 8 周；后 2 个课时是两个"大功"的练功分享，可以隔 3 周上一次，间隔期间每周安排一些时间让学生们自己交流练功的情况。练功是成长的基本方式，我们重视学生的练功分享，期待他们在练功中成长！

学习手册是学生自学的参考，也是健康自我成长"秘笈"

学习手册的内容包括学习目标、主要学习内容、课堂练习以及课后练功记录；有生动的插图，也留出空间供学生记录练功情况。随着学习的进行，学习手册将成为学生学习和练功情况的完整记录，也是学生的健康自我成长"秘笈"。

课程设计螺旋式上升，需要坚持长期学习

本课程虽然每册书有一个主题，但核心内容都是围绕对情绪及其背后的自我的理解展开的，有很强的内在联系。因此，对本课程来说，系统学习效果会更好。系统学习和练功需要坚持，教师引导、同伴学习、亲子学习都会给长期坚持提供助力，更重要的动力来自学生在长期坚持学习的过程中所感受到的自身的成长。

以系统思考为基础进行设计

本课程之所以能够形成以上特色，是因为我们经历了对"健康自我成长"的系统思考以及对课程设计和实施的系统思考。我们相信，系统的课程才真的能"拿起来好用"，才能帮助学生形成和发展能力。

感谢和期待

2012 年，我们开始在"学生健康自我成长"这一领域进行系统研究，于 2014 年出版了《理解自我》一书，为后续的课程开发打下了扎实的理论基础。在此基础上，针对当下我国教育实践中学生发展的具体需求与问题分析，通过与实践领域同行的讨论，我们开发了这套"学生健康自我成长课程"。

本课程的开发得到了北京教育学院领导和基地校所在区县领导的大力支持，基地校的校长和参与的老师们也为此付出了艰辛的努力。课程开发成果的整理和出版得到了教育科学出版社的大力支持。在此，我们一并深表感谢！

期待"学生健康自我成长课程"能够让学生受益，让他们获得实实在在的成长和幸福！

本册编者对您说

　　幸福是重要的人生目标，提高学生感受幸福、获得幸福的能力是教育的使命，也是本课程的重要目的。

　　学生在三年级学习了"学生健康自我成长课程"的前两册。第一册《我的情绪辞典》为学生打开了情绪之门，带他们走进了色彩斑斓的情绪世界；第二册《我是密码高手》带着学生寻找情绪密码，实现了他们对情绪与自我的初步理解。学生步入四年级后，我们明显地感受到他们的生活世界和心理世界变得更加丰富、复杂，所以，第三册《我的美好时光》定位于让学生直面自己、家人、朋友以及团队的真实生活，提升其感受美好的能力，让他们体验战胜挫折从而得到不一般的快乐的过程，明晰美好的不同。我们认为，影响一个人的幸福度的重要因素之一是其对美好的感受能力，同时，对美好的回忆与憧憬能够引导人们主动解决生活中的问题与困扰。因此，让学生学会美好回忆法、美好憧憬法等是本册的课程目标，也是学生后面学习的基础。这些方法可以在情绪反应模式的基础上提升学生感受美好的能力。

　　本书内容分为五个单元。第一单元是"我爱这不一般的美好"，让学生初步学习美好回忆法和美好憧憬法，感受生活中的多种快乐，知道快乐有大小之分，知道战胜挫折获得的快乐是不一般的快乐；也让学生感受心流的产生过程，体会与理解引发心流的方法。第二单元是"我爱家的温暖"，将学生带到家庭生活中，让他们体验与家人在一起的美好，学习与家人沟通的方法。第三单元是"我爱和好友在一起的舒畅"，旨在帮助学生体会与朋友在一起的美好，体会默契很美好、冲突也很美好。第四单元是"我爱团队的和谐"，将学生带入团队之中，让他们细细体会团队成员之间的"共振"与"交响"，体验性格特点各不相同的团队成员为同一目标共同努力所产生的美好。第五单元是"'大功告成'：我的练功单元"，帮助学生集中练习"惦记"和"欣赏团队交响之美"两个"大功"。全书从自己、家人、朋友、团队四个维度，引导学生体会生活的美好。

对于课程的实施，我们有如下建议。第一，从学生真实的感受出发，引导学生体会当时的情绪，找到自己及他人的需要密码和反应密码，从而提高共情能力。情绪没有对错，只有是否合适，而这都是建立在"真实"基础上的。感受美好也必须是真实的，尤其是在挫折中感受不一般的美好，需要一个真实的发展过程，要做到"道而弗牵"。这是本课程最重要的原则。第二，在课程实施过程中注意当下的事、当下的人和当下的情绪与自我。本课程区别于学科课程的关键在于它不是让学生记忆知识点，而是让学生直接走进自己或他人的内心，提升觉察自己与他人情绪的能力，从而学会处理生活中的问题。过程本身是非常重要的，过程中的学生更是重要，建议老师们在教学过程中就学生当下的情绪、想法与学生一起深入探讨，寻求眼前一亮的美好的顿悟。这需要老师们深入领会本课程的目标和内容，寻找课程与学生当下的契合点，促进学生健康自我的成长。第三，请老师们坚持走进学生的生活世界，收集他们身上发生的真实的故事，将其作为典型案例补充到教学中，同时督促学生坚持练功。

最后，祝愿各位同人带着自己对生活的美好感受，开启美好时光之旅！

CONTENTS | 目 录

第一单元
我爱这不一般的美好

单元目标

1. 通过回忆快乐的故事，懂得生活中有很多令人快乐的事，提高对快乐的感受能力。

2. 能够分辨不一般的美好，知道不一般的美好要通过努力才能获得。

3. 认识心流，掌握产生心流的方法。

4. 初步学会美好回忆法、美好憧憬法，并在生活中尝试运用。

单元内容结构

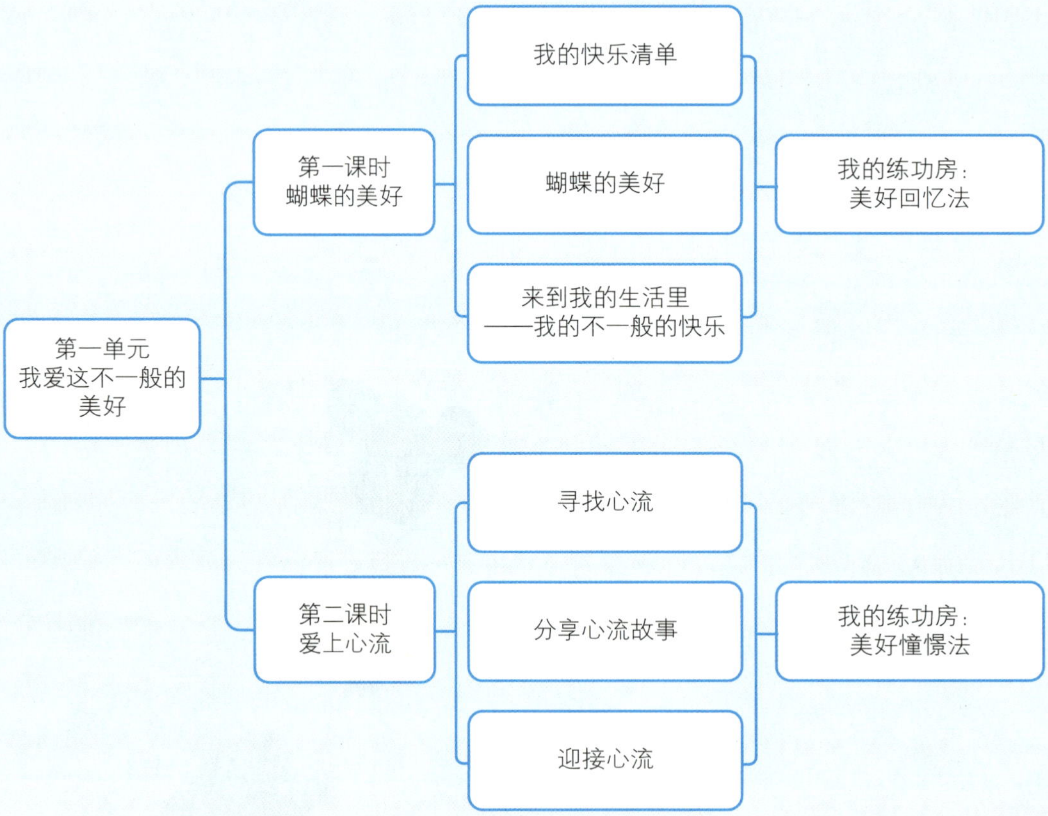

```
                                    我的快乐清单
                第一课时
                蝴蝶的美好          蝴蝶的美好          我的练功房：
                                                      美好回忆法
    第一单元                      来到我的生活里
    我爱这不一般的                ——我的不一般的快乐
    美好
                                    寻找心流

                第二课时
                爱上心流           分享心流故事         我的练功房：
                                                      美好憧憬法

                                    迎接心流
```

第一课时　蝴蝶的美好

课时目标

1. 能够通过回忆快乐的故事发现自己生活中的诸多快乐，知道快乐有大小之分。

2. 能够分辨出不一般的快乐，知道战胜挫折获得的快乐是不一般的快乐，是自我成长的快乐。

3. 能够体会自己生活中"不一般的快乐"的美好。

活动安排

名称	目标	准备	难点
活动一　我的快乐清单	目标1	无	对快乐的理解，快乐的分类
活动二　蝴蝶的美好	目标2 目标3	关于蝴蝶蜕变的视频	理解不一般的快乐
活动三　来到我的生活里——我的不一般的快乐	目标3	无	说出发生在自己身边的不一般的快乐

日常修炼

三级功夫第一招：美好回忆法。

理 论 依 据

我们认为，快乐可以分为顺利的快乐和不顺利的快乐，所谓不顺利的快乐，就是战胜挫折获得成长的快乐。正如英国哲学家大卫·休谟（David Hume）所描述的：

顺利是心灵中另外一个非常有力的原则，并且是快乐的一个必然的来源，如果顺利不超过一定程度以外。这里可以注意的是：由新奇而来的快乐，不但有增强苦感的倾向，而且还有增强快感的倾向，而由适当程度的顺利所发生的快乐则没有这种倾向。顺利所给予的快乐并不在于精神的激动，而在于精神的顺畅的活动；这种活动有时会成为非常有力，以至把痛苦转变为快乐，并且在相当时候以后使我们对原来是极为生硬、令人不快的事物感到一种兴趣。

但是还有一点：顺利虽然把痛苦转化为快乐，可是当顺利程度太大，使心灵的活动变得微弱无力、不足以再使心灵继续感到兴趣并提起精神来时，它就把快乐转变为痛苦了。的确，只有自然地伴有某种情绪或情感的对象，才会因为过多的重复，以致那种情绪或情感消失去了，其他任何对象却很少会由于习惯而变得令人不快的。①

不顺利的快乐，我们在此也称之为不一般的快乐。

快乐是可以分级的，正如美国心理学家保罗·埃克曼（Paul Ekman）描述的：

快乐是个体所盼望的目的达到后，紧张解除继之而来的情绪体验。快乐的程度，取决于愿望满足的意外程度，愿望满足得越出乎意料，个体就体验到越快乐。②

---

① 休谟. 人性论 [M]. 关文运，译. 北京：商务印书馆，2016：457-458.
② 傅小兰. 情绪心理学 [M]. 上海：华东师范大学出版社，2016：72.

开课了（3分钟）

练功分享

各位同学，大家好！上学期我们学习了《我是密码高手》，学会了理解情绪。暑假里你们练功了吗？练了什么功？谁愿意跟大家分享一下你在暑假里是怎样练功的，在练功的过程中你有什么感受？

导入新话题

这学期我们要学习新的健康自我成长课程了，其中情绪仍然是一个重要的主题。谁能说一下你现在的情绪？

【说明】引导学生感悟快乐的情绪，将学生带入积极的学习状态中。

我们这学期要学习的是《我的美好时光》。看到这个书名，你想到了什么？请你打开《我的美好时光学习手册》，让我们一起来读读老师写给你的信吧。

请你回忆一下，在日常的学习和生活中，有哪些快乐的事。谁愿意与大家分享？

【说明】自由发言，请三到四位学生分享，提醒学生要用一个情绪词语来表达自己的心理感受。

活动一 我的快乐清单（10分钟）

1 填写快乐清单

请同学们在下面的快乐清单上写出自己的快乐事例和情绪词语，并在后面的直尺图上圈出快乐度（图中的快乐度最高为10）。

我的快乐清单

快乐的事	情绪词语	快乐度
1.		0 1 2 3 4 5 6 7 8 9 10 cm
2.		0 1 2 3 4 5 6 7 8 9 10 cm

【说明】教师要提示学生：要说明快乐的事发生在什么时间，要把快乐的事写得具体一些，还要写出当时自己的情绪是怎样的，勇敢表达自己的情绪。

2 分享快乐故事

谁愿意与大家分享自己的快乐故事？

【说明】请几位学生分享，引导学生把故事说具体，注意情绪词语与快乐度是否匹配；让学生认识到生活中有很多快乐的事，感受到快乐有大有小，体会到如果大家一起分享快乐，快乐就会更多。

3 活动小结

（1）快乐真多。

（2）快乐有大有小。

（3）发现和分享快乐很重要。

【说明】尽量让学生自己进行总结并分享自己的看法。

活动二　蝴蝶的美好（15分钟）

1　了解蝴蝶的蜕变

（1）如果你是一只将要蜕变的蝴蝶，在茧里你会是什么样的情绪？

【说明】让学生体会蝴蝶在茧里的痛苦。

（2）你知道蝴蝶要经历什么样的蜕变过程才能展翅高飞吗？

【说明】可以找蝴蝶蜕变的视频给学生看，让学生体会蝴蝶在蜕变过程中需要忍受痛苦、经历挫折，感受到蝴蝶蜕变时自我的力量。

（3）如果你是一只蝴蝶，破茧而出展翅高飞后你会是什么样的情绪？

【说明】让学生体会蝴蝶展翅高飞后的快乐。

2　情景故事

蝴蝶的启示 ①

一天，一只茧上裂开了一个小口，蝴蝶在茧里艰难地挣扎着，想从裂开的小口中钻出来。有个人正好看到这一幕，他就一直观察着。

很长时间过去了，蝴蝶似乎没有任何进展。

看样子它已经竭尽全力，不能再前进一步了。

这个人看得实在心疼，决定帮助蝴蝶。他拿来一把剪刀，小心翼翼地将茧破开。蝴蝶很容易地挣脱出来，但是它的身体肥胖，翅膀细弱，翅膀紧紧地贴着身体。

① 本故事改编自：佚名. 蝴蝶的启示 [EB/OL].[2018-09-20].https://www.taodocs.com/P-1365326.html.

第一单元　第二单元　第三单元　第四单元　第五单元

他接着观察，期待着在某一时刻，蝴蝶的翅膀会伸展开来，足以支撑它的身体，让它成为一只健康美丽的蝴蝶。

然而，这一刻始终没有出现。

实际上，这只蝴蝶在余下的时间里都要极其可怜地带着肥胖的身子和瘪塌的翅膀爬行，它永远也无法飞起来了。

这个好心人并不知道，蝴蝶从茧上的小口挣扎而出，这是上天的安排。蝴蝶要通过这一挤压过程将体液从身体里挤压到翅膀里，让翅膀强壮起来，这样它才能在破茧而出后展翅飞翔……

3 讨论

你觉得靠自己的力量破茧而出完成蜕变的蝴蝶和茧被外力破开的蝴蝶哪个更快乐？为什么？

【说明】可以通过小组讨论的形式让学生讨论什么能带来快乐。学生充分讨论后，教师组织全班交流，并进行总结和提升。重点是让学生感受蝴蝶在蜕变过程中爆发出的自我的力量，感受经过蜕变后蝴蝶翅膀的有力、蝴蝶翅膀的美，引导学生得出结论：战胜挫折获得的快乐是不一般的快乐，是自我成长的快乐。

4 活动小结

（1）战胜挫折获得的快乐，叫作不一般的快乐。

（2）不一般的快乐是自我成长的快乐。

活动三　来到我的生活里——我的不一般的快乐（6分钟）

1 回忆

请同学们回忆一下：你们有过不一般的快乐吗？

2 分享

谁愿意与大家分享一下：你有过哪些不一般的快乐？

【说明】教师要注意在学生分享的故事中他们是否感受到了不一般的快乐，是否感受到了自己的成长，鼓励学生用"我居然……"这样的句式来发现自己、肯定自己。

3 活动小结

回忆美好时光，体会不一般的快乐，肯定自我，发展自我，这种方法属于"美好回忆法"。

我学到了（3分钟）

【说明】在这个环节，尽量让学生自己总结，总结的内容就是前面活动小结的归纳，并且与下节课"开课了"环节中"我还记得"的内容一致。

（1）快乐真多，有大有小。

（2）发现和分享快乐很重要。

（3）战胜挫折获得的快乐，叫作不一般的快乐。

（4）不一般的快乐是自我成长的快乐，美好回忆法可以帮助我们体会不一般的快乐。

我的练功房（3分钟）

自我成长功夫升级了！

同学们，第二册书中的自我成长功夫是二级功夫，现在我们进入了第三册书的学习，自我成长功夫也升级为三级。三级功夫比二级功夫高在什么地方呢？这需要同学们慢慢体会。不过，一级、二级功夫可是三级功夫的基础，一级功夫主要是觉察情绪，二级功夫主要是理解情绪，它们是其他功夫的基础。同学们别忘了继续练一级、

第一单元

第二单元

第三单元

第四单元

第五单元

二级的功夫。

三级功夫第一招：美好回忆法。

1 练功目的

（1）能发现小快乐和大快乐，会享受生活中的快乐。

（2）能分辨出不一般的快乐，并能经受得住挫折，享受不一般的快乐。

（3）感受自我成长。

2 练功要领

（1）回忆生活中快乐的故事。

（2）体验小快乐、大快乐和不一般的快乐。

美好回忆法

	生活实例	心理感受	我对自己说
我的小快乐			/
			/
我的大快乐			/
			/
我的不一般的快乐			我居然_____（感受自我成长）
			我居然_____（感受自我成长）

第二课时　爱上心流

课时目标

1. 体验心流到来时的状态，认识心流。
2. 在美好回忆中，体会与理解心流产生的条件。
3. 体会与理解引发心流的方法。
4. 学会美好憧憬法。

活动安排

名称	目标	准备	难点
活动一　寻找心流	目标1 目标2	刘翔2004年参加奥运会比赛的视频和经典图片	感受心流到来时的状态，理解忘我的状态以及心流产生过程中的自我探索是快乐的源泉
活动二　分享心流故事	目标3 目标4	心流故事	进行美好憧憬，感受当下的进步带来的小快乐，想象未来大快乐的可能性，从而专注当下
活动三　迎接心流	目标3 目标4	无	学会用"红黄蓝"三句话帮助自己解决生活中分心、灰心、怕吃苦的问题

日常修炼

三级功夫第二招：美好憧憬法。

理 论 依 据

"心流"状态是情绪智力的至高境界，是快乐的巅峰状态。在心流状态下，情绪不受抑制和牵绊，是积极的、充满活力的，推动着人们勇敢尝试新的挑战，并不断突破自身能力界限，使人们的表现达到巅峰状态。

心流的显著特征是忘我，即失去所有的自我意识，而只专注于当前的任务，对所从事的活动表现出很强的控制力，对不断变化的任务要求出人意料地应变自如。

产生心流的前提是面对一项有一定难度的任务，有明确的目标，始终保持对自己能力水平的高度自信，而且能够鼓励自己不断地逼近目标。心流产生的过程中最重要的是要保持高度专注，能够不断地评估进展并保持信心。

针对"目标明确""专注""自信"等条件，小学生迎接心流需要克服的困难是分心、灰心、怕吃苦。所谓分心即感受不到当下的快乐而到别处寻找快乐，灰心即因自我失望而产生的一种无能感。针对分心要训练专注力，针对灰心可采用美好憧憬法，让学生感受当下的进步带来的小快乐，想象未来可能出现的大快乐，从而专注当下。

开课了（2分钟）

【说明】从这节课开始，"开课了"这个环节主要分三个小环节："我还记得"帮助学生回忆上节课学到了什么，与上节课总结中"我学到了"的内容一致；"练功分享"让学生分享练功情况；"导入新话题"引入新的内容。后面每节课都是这样设计的，形成一个程序，帮助学生养成良好的学习习惯。

我还记得

大家好！我们又见面了。通过上节课的学习，你对快乐有了哪些认识？

【说明】在这个环节，教师尽量让学生自己回忆，提醒学生说到知识点时要具体，确保学生能够真正理解。学生记不清楚时，教师可以利用情境、图片、故事等给予提示，最后出示上节课"我学到了"中的内容即可。

主题：蝴蝶的美好

（1）快乐真多，有大有小。

（2）发现和分享快乐很重要。

（3）战胜挫折获得的快乐，叫作不一般的快乐。

（4）不一般的快乐是自我成长的快乐，美好回忆法可以帮助我们体会不一般的快乐。

第一单元

第二单元

第三单元

第四单元

第五单元

练功分享

上节课我们学了三级功夫第一招，你还记得是什么功夫吗？谁能跟大家分享一下你是怎样练功的，在练功的过程中你有什么感受？

【说明】在这个环节，引导学生学会根据练功目的和练功要领评价自己的练功情况。

导入新话题

在快乐家族里，有一种快乐是至高无上的，是最快乐的。你想不想找到它？

活动一　寻找心·流（20分钟）

上面有什么？

过去，在很长一段时间里，人们都认为黄种人不可能在短跑和跨栏等项目中有出色的表现，直到一个人的出现，他就是刘翔。

【说明】部分学生对刘翔及跨栏不太熟悉，可以让他们事先了解一些背景资料，也可以找到刘翔参加 2004 年奥运会的相关视频让学生观看。

了解了刘翔的参赛经历，我们一起分析一下他在决赛中的状态如何。

时段	状态	
	行为表现	情绪
决赛前		
决赛中		
决赛后		

先让同桌两人交流，然后全班同学交流分享。

【说明】学生首先感受到的可能是比赛后刘翔的情绪状态，这是产生心流后的结果。学生理解比赛中"忘我"的状态和"专注于每一个细节"可能比较困难，但这又是重点，建议播放慢镜头视频，展示刘翔参加决赛时起跑、跨栏、冲刺的经典画面，以启发学生。通过让学生观看赛后采访，引导学生推断出比赛前的"目标""自信"与"坚持"，进而总结出心流产生的条件。

时段	状态		心流
	行为表现	情绪	
决赛前	明确目标 坚持训练	自信（只要坚持，就能达到目标）	产生心流的条件
决赛中	专注于每一个细节 忘我	平静（不关注其他，只关注当下）积极 舒畅	心流到来时的状态
决赛后	破纪录	极其兴奋、激动（我居然……）	心流的结果

【说明】平静是伴随着反思产生的情绪状态，积极是寻找好的感觉时产生的情绪状态，舒畅是因动作变得更好而产生的情绪状态。表中所列的情绪状态是比较典型的，学生讨论时可能会说出更多的情绪状态，也要给予肯定。

活动小结

心流是一种自我突破的快乐巅峰状态。产生心流的前提条件是：明确的目

标、坚定的自信、努力坚持。心流到来时最显著的状态是忘我，专注于任务的每一个细节，表现出平静、积极、舒畅的情绪状态。

活动二　分享心·流故事（10分钟）

1 情景故事

心流如此美好，在日常生活中会不会遥不可及呢？我们一起来看看下面的故事。

小早学跳绳

小早上一年级了，看到同学们都会跳绳，她羡慕极了，真想马上学会。每天晚上，只要有时间，她都会拿着绳子去练习。周五的晚上，小早又来到院子里练习跳绳。一开始她只能跳1个，慢慢地能跳2个了，跳了好长时间，终于能一次跳5个了。她特别兴奋，一直跳，后来突然就开窍了，能连着跳50多个。小早高兴极了！回到家里，她脱下鞋才发现自己的脚掌都肿了，她居然都没感觉到疼。

我们可以通过下面的表格来分析小早学跳绳的故事。

时段	状态		心流
	内心需要和行为表现	情绪	
学会跳绳前	想马上学会 不断尝试 坚持练习	自信	产生心流的条件
学会跳绳时	一点也不关注其他的 突然就开窍了，能连续跳多个	平静 积极 舒畅	心流到来时的状态
学会跳绳后	发现脚肿但没有感受到疼	特别兴奋 惊讶	心流的结果

2 回忆心流故事

下面请同学们运用上节课学过的美好回忆法，对照我们总结出的产生心流的条件、心流到来时的状态以及产生心流后的结果，想一想自己的心流故事。

【说明】关键在于引导学生在故事中找到产生心流的条件、心流的特征和产生心流后的结果。

3 集体交流

请学生讲自己的心流故事，大家依据产生心流的条件、心流到来时的状态以及产生心流后的结果进行分析。

【说明】根据时间安排 2—3 个学生分享自己的心流故事。

4 活动小结

心流是自我突破，是自我智能探索的巅峰状态，这样的心流人人都有。只要我们自信、目标清晰、努力坚持，就能获得成功，就能遇到心流。

活动三 迎接心流（5分钟）

心流如此美好，我们也知道了怎样才能产生心流。可是在心流产生的过程中，经常会遇到一些困难，这些困难我们用"拦路虎"来比喻。你们想想，都有哪些拦路虎呢？

第一单元
第二单元
第三单元
第四单元
第五单元

1 问题分析

合唱团成员薇薇每周都有三天要训练到晚上 6:30，回家后还要写作业，她想退出了。

2 讨论

（1）薇薇为什么想退出合唱团？

【说明】引导学生找出薇薇想退出合唱团的三点原因：第一，因看不到目标的美好而产生的不坚定（这就是分心）；第二，因看不到自己的进步而对自己失去信心（这就是灰心）；第三，因不想吃苦而想放弃（这就是怕吃苦，不能坚持）。这就是学生学习过程中经常遇到的三只拦路虎。学生在讨论过程中可能会说出各种理由，教师可以通过追问，最终总结出这三个原因。

（2）薇薇该怎样调整和激励自己呢？

【说明】让学生充分地说，帮助学生总结出针对三只拦路虎的"红黄蓝"三句话：

红：我的目标……很美好，我再专注一点就好了！

黄：我已经有进步了，（进步表现为）……，我再自信一点就好了！

蓝：我能吃苦，我再坚持一下就好了！

3 练一练

如果遇到下面表格中的这些问题，你要对自己说些什么，才能遇到心流？

情境问题	对自己说
1. 放假了，别人都出去玩儿了，我还要练唱歌（弹琴、上课），太烦了。	
2. 小伙伴在楼下玩儿，小弟弟也在玩游戏，我还要写课外作业，哼！	
3. 我都坚持锻炼一个月了，还是这么胖，我不想减肥了。	

学生填好后让他们先在小组内交流，然后进行全班分享。

【说明】教师可以在课前了解学生在生活中遇到的烦恼，自行编制表格。在课堂上，教师要鼓励学生用自己的话表达。

4 活动小结

当我们努力做一件事情的时候，往往会遇到三只拦路虎：分心、灰心、怕吃苦。打败这三只拦路虎最有效的办法就是对自己说"红黄蓝"三句话。红：我的目标……很美好，我再专注一点就好了！——让自己看到目标的美好。黄：我已经有进步了，（进步表现为）……，我再自信一点就好了！——发现自己当下的进步，产生自信。蓝：我能吃苦，我再坚持一下就好了！——让自己有毅力。运用"红黄蓝"三句话迎接美好的心流，这就是美好憧憬法。

我学到了（2分钟）

（1）心流是一种自我突破的快乐巅峰状态。

（2）产生心流的前提条件是：明确的目标，坚定的自信，努力坚持。

（3）心流到来时，人处于忘我的状态，高度专注，情绪是平静、积极、舒畅的。

（4）可以运用"红黄蓝"三句话迎接美好的心流，这就是美好憧憬法。

我的练功房（1分钟）

三级功夫第二招：美好憧憬法。

1 练功目的
在日常生活中遇到问题或烦恼时，能及时运用美好憧憬法进行自我激励。

2 练功要领
"红黄蓝"三句话。

美好憧憬法

拦路虎	"红黄蓝"三句话
太枯燥了，不想做了……	我的目标＿＿＿＿＿＿＿很美好，我再专注一点就好了！
	我已经有进步了，（进步表现为）＿＿＿＿＿＿＿，我再自信一点就好了！
	我能吃苦，我再坚持一下就好了！
	我的目标＿＿＿＿＿＿＿很美好，我再专注一点就好了！
	我已经有进步了，（进步表现为）＿＿＿＿＿＿＿，我再自信一点就好了！
	我能吃苦，我再坚持一下就好了！
	我的目标＿＿＿＿＿＿＿很美好，我再专注一点就好了！
	我已经有进步了，（进步表现为）＿＿＿＿＿＿＿，我再自信一点就好了！
	我能吃苦，我再坚持一下就好了！

第二单元
我爱家的温暖

单元目标

1. 回忆和体会家人对自己的惦记和自己对家人的惦记，感受惦记带来的温暖，理解惦记是"希望……"与"不希望……"的内心需要，体会惦记的美好。

2. 觉察担忧等情绪，透视到内心的惦记，理解惦记是很重要的。

3. 通过多种方式觉察家人的情绪与需要，提升对情绪的觉察力和理解力，增进与家人之间的默契，感受默契的美好。

4. 体会和理解惦记是默契的基础。

5. 面对冲突，学会耐心听和好好说。

6. 通过"分享快乐，你说我们听"，感受"你快乐，全家都快乐"。

7. 通过"分忧解难，你说我们听"，感受"你快乐，全家都快乐"。

单元内容结构

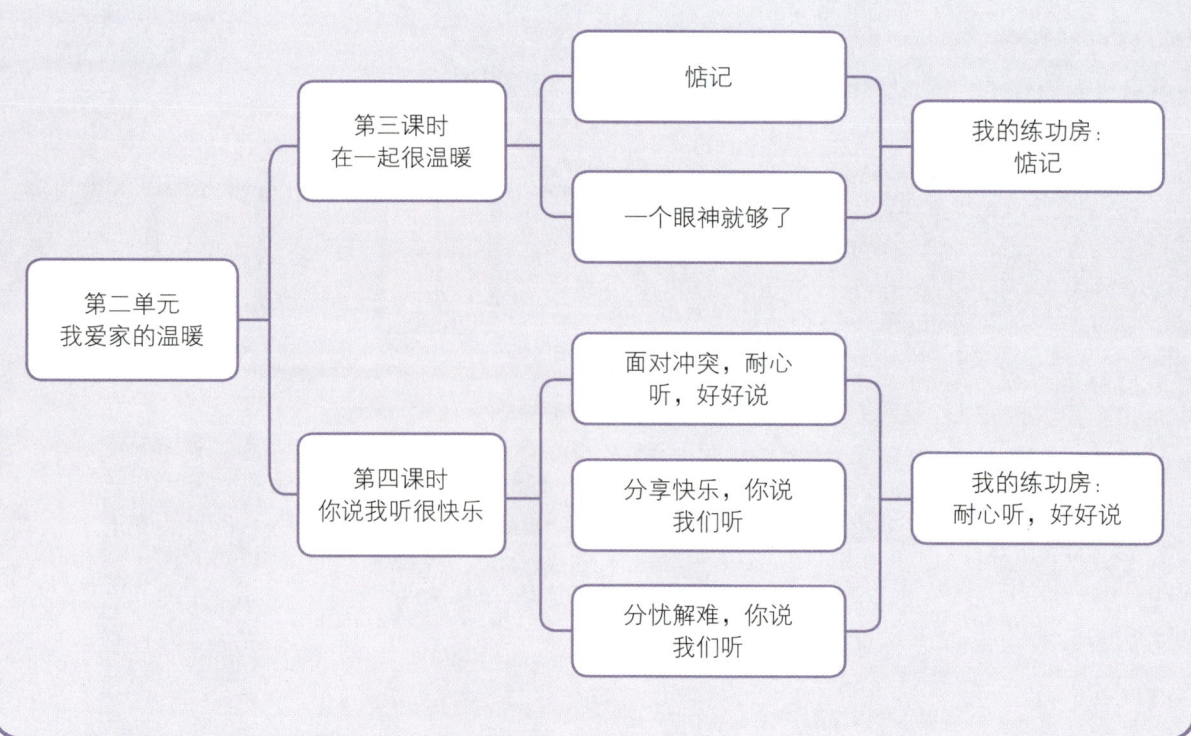

第三课时 在一起很温暖

课时目标

1. 回忆和体会家人对自己的惦记和自己对家人的惦记，感受惦记带来的温暖，理解惦记是"希望……"与"不希望……"的内心需要，体会惦记的美好。
2. 觉察担忧等情绪，透视到内心的惦记，理解惦记是很重要的。
3. 通过多种方式觉察家人的情绪与需要，提升对情绪的觉察力和理解力，增进与家人之间的默契，感受默契的美好。
4. 体会和理解惦记是默契的基础。

活动安排

名称	目标	准备	难点
活动一 惦记	目标1 目标2	学生提前排练情景剧	通过觉察担忧等情绪，透视到内心的惦记
活动二 一个眼神就够了	目标3 目标4	无	理解默契的背后是彼此惦记

日常修炼

三级功夫第三招：惦记。

理 论 依 据

关心和被关心是人类的基本需要。关心意味着尝试建立人与人之间的联系。反过来说，要建立人与人之间的联系，需要双方相互付出和接受关心。在本课中，关心他人就是"惦记"，是心里一直想着，放不下；被关心就是"被惦记"。

默契是一方被关心的需要能够被另一方觉察到，是建立在长期形成的关心与被关心的良好关系基础之上的。

开课了（5分钟）

我还记得

你还记得上节课的主题是什么吗？你都学到了什么？

主题：爱上心流

（1）心流是一种自我突破的快乐巅峰状态。

（2）产生心流的前提条件是：明确的目标，坚定的自信，努力坚持。

（3）心流到来时，人处于忘我的状态，高度专注，情绪是平静、积极、舒畅的。

（4）可以运用"红黄蓝"三句话迎接美好的心流，这就是美好憧憬法。

练功分享

三级功夫第二招"美好憧憬法"你练得怎么样了？
谁愿意和我们分享一下自己的练功故事？

导入新话题

我们每个人都有自己的家，每个家庭里都发生过很
多温暖的故事。你还记得家里那些给你带来温暖的瞬间
吗？让我们一起回忆一下吧！

【说明】通过回忆家里那些特别温暖的时刻，推动学生对
美好的感受和回忆，引导出家庭成员间的"关心"，而"惦记"
是一种更深层次的关心。

活动一　惦记（20分钟）

（一）家人在惦记我

1　情景故事

我 不 孤 单

爸爸妈妈对小曼说："你想要个弟弟或妹妹吗？这样我们家就有两个孩子了，
以后你们可以一起玩儿。"小曼高兴地说："好啊！"

一年后，小曼的弟弟出生了，一家人都沉浸在喜悦中。过了一段时间，小曼发

现爸爸妈妈每天都围着弟弟转，她觉得自己被冷落了，好孤单。

周末，小曼想让爸爸妈妈带她去看新上映的动画片，可看到爸爸妈妈还在照顾弟弟，小曼没有说。小曼好怀念原来爸爸妈妈陪自己玩的时候啊！她回到自己的房间，拿出了相册。当看到小时候妈妈给自己洗澡、爸爸抱着自己晒太阳的照片时，小曼忽然意识到：原来小宝宝都是需要被照顾的，自己也是被爸爸妈妈照顾长大的呀！

第二天早上，妈妈拿出了两张电影票，对小曼说："小曼，你喜欢的动画片上映了，妈妈还要照顾弟弟，让爸爸带你去看吧。"小曼真是又开心又感动："原来爸爸妈妈并没有忽略我，不管多忙，都一直惦记着我呢！"

2 讨论

（1）小曼的烦恼是什么？她的烦恼正常吗？

【说明】小曼的烦恼是看到爸爸妈妈好像只顾着照顾弟弟，忽略了自己，所以感到很孤单。这种烦恼很正常。

（2）看过照片后，小曼的感觉是什么？情绪有什么变化？

【说明】小曼感受到的是温暖，从小被爸爸妈妈照顾很温暖。这里要关注小曼情绪变化的过程：一开始，小曼因为感觉被冷落而伤心，后来，她看到自己小时候爸爸妈妈也像现在照顾弟弟一样照顾着自己，又感到很温暖、很美好。

（3）妈妈拿出电影票后，小曼的感觉是什么？情绪怎么样？

【说明】小曼感受到了被家人惦记的温暖，觉得自己不孤单了，情绪也转变为惊喜。

（4）请你结合生活实际，说一说有了弟弟妹妹会有哪些美好。

【说明】引导学生说一说：（1）可以再次感受到自己小时候被爸爸妈妈照顾的温暖；（2）可以照顾小弟弟或小妹妹，有了被需要的美好；（3）爸爸妈妈还是很爱自己，自己也更爱爸爸妈妈了；（4）有弟弟或妹妹的陪伴，将来不会孤单，能感受到有人理解的美好、有人陪伴的美好……

（二）我也在惦记家人

1 演一演

手 套

突然降温了，妈妈下班回到家，双手冻得红红的，月月看了真是心疼。第二天早上，妈妈刚要出门，月月赶紧拿了一双手套跟出来："妈妈，天冷了，您出门的时候戴上手套，手就不会冻红了。"妈妈戴上手套，亲了亲月月的脸蛋儿，开心地说："谢谢我的月月！"那天，妈妈离开家时走路的姿势都是美美的，月月的心里也甜甜的。

2 讨论

（1）月月为什么要帮妈妈准备手套？

【说明】月月看到妈妈手冻得红红的，感觉很心疼，所以要帮妈妈准备手套，这体现了她对妈妈的关心。

（2）妈妈戴上月月为她准备的手套时情绪怎么样？心里会怎么想？

【说明】妈妈心里会想：我的月月长大了，懂事了。她会觉得很欣慰。同时，被月月惦记也会让妈妈感觉很温暖。

（3）看到妈妈开心，月月的情绪怎么样？心里会怎么想？

【说明】月月的情绪是开心、满足、骄傲，她心里会想：我知道惦记妈妈，能为妈妈做一些事情，我也长大了。

3 分享

在你的家庭生活中，有没有爸爸妈妈惦记你，或者你惦记爸爸妈妈的温暖故事呢？跟我们分享一下吧！

【说明】通过回忆自己家的温暖故事，让学生进一步理解"惦记"，知道"惦记"背后是理解家人的需要，尤其是体会惦记别人带给自己的快乐。

（三）活动小结

（1）惦记给我们带来温暖。

（2）惦记他人时表现出来的情绪常常是担忧，担忧是一种关心。

活动二　一个眼神就够了（10分钟）

1 演一演

我来给您打下手

　　周六中午，爸爸在沙发上看报纸，妈妈在厨房准备午饭，小美在地毯上玩玩具。妈妈炒菜时从厨房向外看了一眼，恰好小美也看了妈妈一眼，她看到妈妈右手拿着铲子，左手拿着一头蒜。小美赶紧把玩具放回自己房间，蹦蹦跳跳地来到厨房，对妈妈说："妈妈，我来给您打下手吧，我会剥蒜。"爸爸听了，也放下手中的报纸，来到厨房一起帮忙。

　　不一会儿，香喷喷的午饭就做好了。

第一单元

第二单元

第三单元

第四单元

第五单元

2 讨论

（1）小美怎么知道妈妈需要帮忙呢？她为什么看了妈妈一眼？

【说明】请学生想一想，妈妈向外看了一眼是想表达什么，引导学生想象妈妈的眼神，思考为什么小美看到妈妈的眼神就知道妈妈需要帮忙。小美看了妈妈一眼，是因为心里一直惦记着妈妈。

（2）除了眼神，还能从哪里看出妈妈的需要？

【说明】除了眼神，还可以通过动作、姿势等察觉妈妈的需要。可以让学生展开想

象，多一些觉察和体验情绪的渠道。

（3）"一个眼神就够了"，此时妈妈和小美是什么情绪呢？

【说明】一个眼神就够了，说明小美是关心妈妈的。她会时不时地看看妈妈，恰好看到妈妈求助的眼神，知道了妈妈的需要，马上过去帮助妈妈解决问题。看到妈妈由着急到开心[1]，小美心里美美的，为妈妈的开心而开心，为自己懂得妈妈而感到骄傲。妈妈此时的情绪是高兴的、欣慰的，在她需要帮助的时候，没有说一句话，只是一个眼神，小美马上就过来帮忙了。

3 分享

你的家庭生活中有没有发生过这种"一个眼神就够了""一个动作就够了""一个姿势就够了""一个声音就够了"……的故事呢？跟大家分享一下吧。

【说明】只有心里惦记着彼此，才可能出现"一个眼神、一个动作、一个姿势、一个声音……就够了"。要引导学生看到默契的美好。

4 活动小结

（1）一个眼神就够了，一个动作就够了……，这就是默契。

（2）默契是以惦记为基础的，它会给人带来温暖。

我学到了（2分钟）

（1）惦记给我们带来温暖。

（2）惦记他人时表现出来的情绪常常是担忧，担忧是一种关心。

（3）一个眼神就够了，一个动作就够了……，这就是默契。

（4）默契是以惦记为基础的，它会给人带来温暖。

---

[1] 提醒学生表演的时候要通过动作、眼神等表现妈妈从着急到开心的情绪变化。

我的练功房（3分钟）

三级功夫第三招：惦记。

1 练功目的

惦记会给我们带来温暖，经常练功，让我们的家庭生活越来越温暖。

2 练功要领

（1）用心发现生活中的细节，体会家人的需要。

（2）为爸爸妈妈做一些力所能及的、让人感到温暖的事。

惦记

我发现的	我惦记的	惦记时我的情绪	我能做的	行动后我的情绪
爸爸又咳嗽了	爸爸的身体	担心	帮爸爸戒烟	安心

温馨提示：可以借助之前学过的"表情线索"来进行练功。

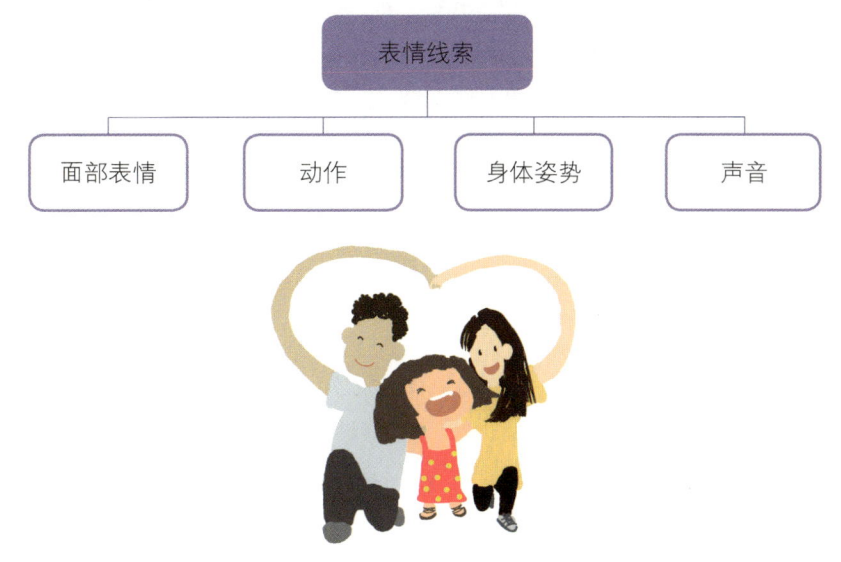

第四课时　你说我听很快乐

课 时 目 标

1. 面对冲突，学会耐心听和好好说。

2. "耐心听"是指静下心来，听出对方的情绪和需要；"好好说"是指控制情绪，
   心平气和地表达自己的情绪和需要。

3. 通过"分享快乐，你说我们听"，感受"你快乐，全家都快乐"。

4. 通过"分忧解难，你说我们听"，感受"你快乐，全家都快乐"。

活 动 安 排

名称	目标	准备	难点
活动一　面对冲突，耐心听，好好说	目标1	无	学会"耐心听"和"好好说"，控制情绪，说出自己的需要
活动二　分享快乐，你说我们听	目标2	无	珍惜与父母共处的时间，倾听彼此的声音
活动三　分忧解难，你说我们听	目标3	无	耐心听出对方的需要

日 常 修 炼

三级功夫第四招：耐心听，好好说。

理论依据

沟通是幸福的来源，家庭成员间的沟通是家庭幸福的来源。那么，什么是沟通呢？

艾瑞克·伯恩（Eric Berne）将沟通定为基本的科学单元，并进行了界定：

社会性的交往单元称为沟通，如果两个或两个以上的人相互碰面……，迟早其中的一个会开口说话，或给出其他的暗示承认对方的存在，这个过程称为沟通刺激。然后，另一个人会开口回应，或以某种方式做一些与该刺激有关的事情，这就是沟通反应。[①]

根据以上界定，我们认为，沟通的基本方式是"你说我听"。如果一方开口说话，另一方耐心倾听，就有可能发生真正的互动。从内容上划分，沟通有三种：分享快乐的沟通、解决冲突的沟通和分忧解难的沟通。家庭沟通的理想模式是全家人在一起好好说话、耐心倾听。"好好说话"是指一个人无论情绪怎样、压力多大，都懂得表达自己的需要，了解对方的需要，心平气和地说话。"耐心倾听"是指全身心地去感受对方谈话中表达的言语信息和非言语信息及其背后的需要。

[①] Harris. 沟通分析的理论与实务：改善我们的人际关系 [M]. 林丹华，周司丽，译. 北京：中国轻工业出版社，2013：12.

开课了（5分钟）

我还记得

你还记得上节课的主题是什么吗？你都学到了什么？

主题：在一起很温暖

（1）惦记给我们带来温暖。

（2）惦记他人时表现出来的情绪常常是担忧，担忧是一种关心。

（3）一个眼神就够了，一个动作就够了……，这就是默契。

（4）默契是以惦记为基础的，它会给人带来温暖。

练功分享

三级功夫第三招"惦记"你练得怎么样了？谁愿意和我们分享一下自己的练功故事？

导入新话题

在前面的学习中，我们一起回忆了家人在一起的温暖时光。在家庭生活中，家人之间难免也会发生矛盾、摩擦。你看，小曼家就起了冲突……

第一单元

第二单元

第三单元

第四单元

第五单元

活动一　面对冲突，耐心听，好好说（18分钟）

我们先来看一个情景剧，请同学们仔细体会在这个故事里你感受到了什么。

1 演一演

冲　突

旁白：小曼已经做了半个小时的作业，她想放松一会儿，刚拿起手机，妈妈恰好进来了……

妈妈：小曼，你怎么又玩手机了？

小曼：怎么啦，放松一下不行吗？

妈妈：放松干吗非得玩手机？看手机对眼睛的危害多大啊……

小曼：行啦行啦，别唠叨啦！手机不让看，又不让我出去玩儿，我怎么放松？

妈妈：你还没写完作业就玩，这样怎么能学习好？你什么时候能追上你们班的小红啊？……我说让你关上，你没听见吗？（妈妈边说边抢过手机）

小曼：学习、学习，你就知道学习！

妈妈：你怎么跟妈妈说话呢？我辛辛苦苦是为了谁？苦口婆心又是为了谁？

小曼：我宁可不要！

妈妈：你再说一遍！

小曼：我就不稀罕！

妈妈气坏了，抬手就打了小曼一巴掌。小曼捂着脸，哭着跑了出去……

2 讨论

（1）当妈妈问小曼"怎么又玩手机"时，小曼有什么情绪？

【说明】教师引导学生说出小曼是如何回复妈妈的，从语言中感受到小曼的情绪是不耐烦、不高兴。

（2）故事的结局是什么？这个结果是小曼和妈妈想看到的吗？这时小曼和妈妈的情绪分别是怎样的？

【说明】故事的结局是小曼和妈妈两败俱伤，这不是她们想看到的结果。此时，小曼的情绪是愤怒、委屈，妈妈的情绪是愤怒、后悔等。

（3）在整个故事中，妈妈的需要是什么？小曼的需要是什么？

【说明】妈妈有三个方面的需要，分别是：小曼不玩手机，小曼赶快完成作业，小曼成绩赶上小红。小曼认为在不出门、休息时间较短的情况下，玩手机是最佳的放松方式，她需要休息一下。

（4）如果你是小曼，你应该怎样和妈妈沟通？

妈妈：小曼，你怎么又玩手机了？

小曼：妈妈，我现在确实是_____，但刚才_____，我需要_____。

妈妈：放松干吗非得玩手机？

小曼：_____

妈妈：你还没写完作业就玩，这样怎么能学习好？你什么时候能追上你们班的小红啊？

小曼：妈妈，我请您_____，我的情绪是_____，我可以_____。

【说明】引导学生好好说出"我"需要放松，同时，耐心听妈妈的"说"，关心妈妈的需要，表明会在放松后注意保护自己的眼睛，及时完成作业，并在学习上努力进步。要以平静的情绪与妈妈沟通，努力使两人的需要都得到满足。

（5）耐心听指什么？好好说指什么？为什么要耐心听、好好说？

【说明】耐心听指静下心来听，听出对方的情绪和需要。好好说指控制情绪，心平气和地表达自己的情绪和需要。耐心听、好好说是为了试着理解对方，同时让对方理解自己，以顺利地解决冲突。

3 活动小结

面对冲突，要控制情绪，耐心听、好好说，听出并说出对方的需要，表达自己的情绪和需要。

活动二　分享快乐，你说我们听（7分钟）

1 情景故事

夸夸爸爸很快乐

小早发现爸爸最近去上班时总是拿着一个黑色的大袋子，她想袋子里可能装着爸爸工作用的东西，就没有多问。

周六早上一起床，爸爸就开心地对小早和妈妈说："吃完早饭后我们去公园吧，我要向你们展示我新学会的滑板！"看到爸爸迫不及待的样子，小早也很兴奋。一家人急忙吃完早饭，来到了家附近的公园里。

爸爸打开黑色的袋子，原来里面装的是一块滑板。爸爸自豪地说："看好了啊，我要开始滑了！"然后，他把一只脚放在滑板上，用另一只脚在地上蹭了几下，熟练地滑了起来。爸爸滑得很快，就像一条自由自在的鱼儿在大海里游动，滑出的线条自然流畅。小早和妈妈不禁为爸爸鼓起掌来。小早骄傲地对爸爸喊道："爸爸，你好酷、好棒啊！"

2 讨论

（1）爸爸为什么迫不及待地跟小早和妈妈分享他的快乐？

【说明】因为小早和妈妈是爸爸最亲近的人，所以爸爸想跟她们分享他的喜悦。

（2）听了爸爸的分享后，小早的情绪怎么样？

【说明】引导学生体会故事中小早的情绪。小早听了爸爸的分享后很快乐、很骄傲，看到爸爸学会了新的技能，她也很快乐。

（3）爸爸听到小早称赞后，心里是什么感觉？

【说明】让学生体会：爸爸听到小早的称赞，心里感受到温暖和幸福。

3 活动小结

分享快乐，你说我们听，你快乐，全家都快乐。

活动三 分忧解难，你说我们听（5分钟）

1 情景故事

帮助妈妈我快乐

小美妈妈的单位要组织文艺会演，新排的舞蹈可难坏了妈妈。"新排的舞蹈太难了，我根本学不会。我跳不好啊！"看着妈妈着急的样子，小美决定帮帮妈妈。怎么帮呢？小美想了很久。后来，她陪妈妈反复地看视频，一遍一遍地陪妈妈跳，不停地鼓励妈妈。在小美的帮助下，妈妈终于学会了。妈妈高兴地说："小美，你可帮了妈妈一个大忙！谢谢我的好女儿！"

2 讨论

（1）小美为什么决定帮助妈妈？

【说明】小美看到妈妈着急，并感受到妈妈的畏难情绪，想为妈妈分忧解难。

（2）小美为妈妈做了什么？她怎么知道这样做能帮到妈妈？

【说明】小美耐心地听妈妈说话，从中听出了妈妈的需要，同时，她也看出妈妈对于练习舞蹈有畏难情绪，于是她陪着妈妈观看舞蹈视频、练习舞蹈动作，并且从精神上鼓励妈妈。有了小美的帮助，妈妈最终取得了成功。

（3）妈妈终于学会了新舞蹈，此时妈妈和小美的情绪分别是怎样的？

【说明】妈妈学会了舞蹈，情绪是开心、骄傲、幸福；小美的情绪是自豪。如果家庭中每个人都可以为家人分忧解难，每个人遇到难处都会有人主动帮忙，那多美好呀！

3 活动小结

分忧解难，你说我们听。你着急，我们也着急；听清需要，力所能及。

我学到了（2分钟）

（1）面对冲突，学会耐心听和好好说，全家都快乐。

（2）"耐心听"是指静下心来，听出对方的情绪和需要；"好好说"是指控制情绪，心平气和地表达自己的情绪和需要。

（3）分享快乐，你说我们听，你快乐，全家都快乐。

（4）分忧解难，你说我们听，你快乐，全家都快乐。

我的练功房（3分钟）

三级功夫第四招：耐心听，好好说。

1 练功目的

和家人沟通时，学会耐心听和好好说，让家庭生活更温馨、更快乐。

② 练功要领

（1）耐心听，听出对方的情绪，听出对方情绪背后的需要。

（2）好好说，控制情绪心平气和地说话，表达自己的需要。

（3）和家人沟通如何协调"你需要"和"我需要"，并体会和谐沟通带来的快乐。

（4）通过耐心听和好好说，巧妙地化解冲突。

耐心听，好好说

面对冲突，我们要耐心听、好好说。怎么听？听什么？怎么说？说什么？请填写下面的表格。

面对冲突	
冲突事件：	
耐心听	好好说
（家人的情绪）	（控制情绪）
（家人的需要）	（表达需要）

第三单元
我爱和好友
在一起的舒畅

单元目标

1. 体会与朋友相处既有默契的美好，也有冲突的美好。

2. 知道与朋友相处的三种默契模式：互相需要，一拍即合；我需要，你就在；你需要，我就在。

3. 理解朋友间产生冲突的原因：需要或反应模式不同，并且希望对方的需要和反应模式与自己相同。

4. 学会用"善待冲突法"来解决朋友间的冲突，理解冲突可能会让朋友间的关系变得更亲密。

单元内容结构

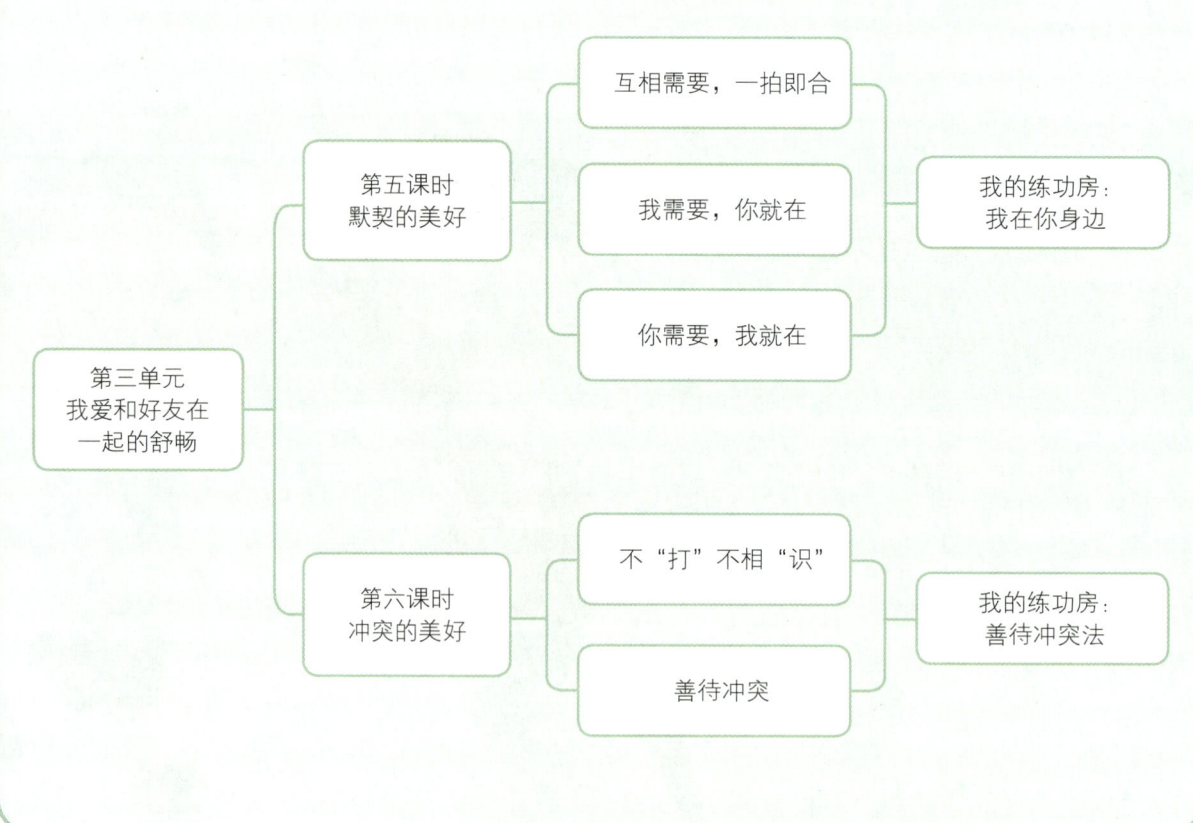

第五课时　默契的美好

第一单元

第二单元

第三单元

第四单元

第五单元

课时目标

1. 知道当自己与朋友互相需要时会感到快乐，体会"一拍即合"的默契的美好。

2. 体会自己和朋友之间有"我需要，你就在"的默契的美好。

3. 体会自己和朋友之间还有"你需要，我就在"的默契的美好。

活动安排

名称	目标	准备	难点
活动一　互相需要，一拍即合	目标 1	无	体会"互相需要，一拍即合"的舒畅的情绪内涵
活动二　我需要，你就在	目标 2	无	体会"我需要，你就在"的舒畅的情绪内涵
活动三　你需要，我就在	目标 3	无	体会"你需要，我就在"的舒畅的情绪内涵

日常修炼

三级功夫第五招：我在你身边。

理 论 依 据

青少年时期个体的社会性依恋迅速发展，从对父母的依恋转向对同伴的依恋，个体日后的人际关系及社会行为的建立也会受到同伴依恋的影响。依恋的本质是什么呢？是情绪的共鸣，是情感的寄托，更是相互理解。相互理解本质上是对对方需要的理解，因此，美好的依恋是双方对彼此需要的相互理解、及时回应与满足，也可以理解为默契。

开课了（5分钟）

我还记得

你还记得上节课的主题是什么吗？你都学到了什么？

主题：你说我听很快乐

（1）面对冲突，学会耐心听和好好说，全家都快乐。

（2）"耐心听"是指静下心来，听出对方的情绪和需要；"好好说"是指控制情绪，心平气和地表达自己的情绪和需要。

（3）分享快乐，你说我们听，你快乐，全家都快乐。

（4）分忧解难，你说我们听，你快乐，全家都快乐。

练功分享

三级功夫第四招"耐心听，好好说"你练得怎么样了？谁愿意和我们分享一下自己的练功故事？

导入新话题

随着成长我们会渐渐脱离家庭和父母，与朋友建立更多联系，让我们一起感受一下与朋友在一起的美好时光吧。

活动一　互相需要，一拍即合（10分钟）

1 情景故事

看 电 影

小天最好的朋友是小亮，他们经常一起玩。有一天，同学们聚在一起议论新上映的电影《蜘蛛侠》。这部电影正是小天一直念叨着要看的，所以他特别开心。他正想着找小亮一起去看，就看到小亮跑向他，边跑边说："小天，你现在有时间吗？我想和你一起玩。"小天说："我想去看电影《蜘蛛侠》，你能陪我吗？"小亮说："当然，这是你一直想看的电影，我也特别想看，咱们一起去看吧！"

第一单元
第二单元
第三单元
第四单元
第五单元

2 讨论

（1）听到小亮的话，小天的情绪是怎样的？他会做出什么动作？为什么会这样？

【说明】引导学生做出拥抱、击掌、蹦跳、拉胳膊等动作，体会：①小天有与小亮心灵相通的温暖感觉（小亮居然也喜欢看这部电影）；②小天有需要瞬间被满足的舒畅的感觉。

（2）"一拍即合"是怎么发生的？

【说明】朋友间互相惦记，才会细心观察和倾听对方，使双方总能想到一块儿，从而产生"一拍即合"。如果学生分析的不是"惦记—观察—倾听"的顺序，可以引导学生体会这样的顺序。

（3）故事中小天和小亮之间是"互相需要"还是有"共同需要"？

【说明】小天需要小亮和自己一起去看《蜘蛛侠》，享受电影的美好；小亮需要小天的陪伴，享受和好友在一起的舒畅。两人需要不同，所以是"互相需要"。

（4）你和朋友之间有没有这样的默契故事？请你讲一讲。

【说明】请学生分享与朋友"一拍即合"的故事。

3 活动小结

（1）"一拍即合"能使我们体会到情绪的共鸣。情绪的共鸣能够使情绪得到充分的释放，使人感到舒畅和温暖，从而感受到默契的美好。

（2）朋友间互相惦记，才能"一拍即合"。

（3）"一拍即合"既有"共同需要"，也有"互相需要"。

活动二　我需要，你就在（10 分钟）

1 情景故事

演 讲 比 赛

今天，小天第一次参加演讲比赛。他走进会场后，全身僵硬、笔直地坐在座位上，面无表情，也不说话，手里拿着演讲稿呆呆地坐着，跟平时很不一样。旁边的小亮觉察到了小天的异样，用手指戳戳他，关切地问："你很紧张吗？"小天点点头。于是小亮拿起笔，在小天的演讲稿上写了大大的两个字：加油！小天看到这两个字，用颤抖的声音说："我好像把已经背熟的词又给忘了！"小亮思索了一会儿，说："你就像平时学习那样，用笔把容易忘的词画出来，再背一背，就不会忘词了。"小天深吸了一口气，按照小亮说的边画边背，不一会儿感觉自己又记熟了。比赛时，小天不那么紧张了，还取得了理想的成绩。赛后，他满怀感激地对小亮说："谢谢你的提醒！"

2 讨论

（1）开始时小天的情绪是怎样的？这一情绪对小天产生了怎样的影响？

【说明】让学生说一说从小天的哪些生理表现看出了他的紧张情绪。紧张的情绪会把困难放大。

（2）小亮为小天做了什么，使小天不那么紧张了？小亮怎么知道做这些能帮助小天？

【说明】小亮鼓励小天并告诉他解决问题的方法。小亮能从小天的情绪中体会其需要，并帮助他认清了内心的需要，从而使小天的情绪平静下来。

（3）为什么小亮能够为小天提供帮助？小亮怎么知道小天需要这样的帮助？

【说明】通过引导，让学生认识到：因为小亮惦记小天，他通过观察和倾听了解了小天的情绪以及情绪背后的需要，所以能为小天提供恰当的帮助。

第一单元
第二单元
第三单元
第四单元
第五单元

3 活动小结

（1）因为你的惦记，我需要，你就在。

（2）"我需要，你就在"，温暖又舒畅。

活动三 你需要，我就在（10分钟）

1 情景故事

补 作 业

早上上学时，小天发现小亮闷闷不乐，与平时不太一样。小天走过去问小亮怎么了，小亮低着头回答："我昨天晚上看课外书看得太晚了，作业没写完。下午就该收作业了，我肯定完不成，如果老师告诉我妈妈，我就完蛋了！"小天想了想，说："没事儿，你可以利用课间和中午的时间补上，我陪着你，有不会的我教你。"在小天的帮助下，小亮终于按时交上了作业。

2 讨论

（1）开始时小亮的情绪是怎样的？这种情绪带来了什么影响？

【说明】尽可能让学生体会小亮的多种情绪。

（2）小天怎样帮助小亮完成了作业？他具体做了什么？

【说明】（1）小天帮助小亮利用课间和中午的时间（也就是下午交作业之前的课余时间）完成作业；（2）鼓励和陪伴小亮；（3）随时解答小亮的问题。

（3）为什么小天能够为小亮提供帮助？小天怎么知道小亮需要这样的帮助？

【说明】因为小天惦记小亮，观察到他闷闷不乐，然后耐心地听小亮说，了解小亮的需要，所以能够想到合适的办法帮助小亮补完作业。

（4）小天成功帮助了小亮，他有什么感受？

【说明】（1）小天会感到高兴、轻松、自豪等；（2）要引导学生体会，作为小亮的好朋友，小天的情绪首先是高兴，为小亮高兴，然后才是自豪，为自己的能力自豪。

3 活动小结

（1）因为惦记朋友，所以能觉察他的情绪、理解他的需要。

（2）你需要，我就在；你温暖，我开心；我们温暖又舒畅。

我学到了

（1）默契有三种模式：共同需要和互相需要，所以"一拍即合"；我需要，你就在；你需要，我就在。

（2）朋友间的默契来源于彼此的惦记、观察和倾听。

（3）默契让我们温暖又舒畅。

我的练功房（5分钟）

三级功夫第五招：我在你身边。

1 练功目的

不断练习觉察别人的情绪，理解情绪背后的需要，并体验由此带来的默契的美好。

2 练功要领

（1）情绪觉察。

（2）体会因为惦记，所以通过观察、倾听进行察觉，了解对方的需要。

第一单元

第二单元

第三单元

第四单元

第五单元

我在你身边

你的朋友遇到困难时有哪些异常行为？请你联系生活实际完成表格。

朋友的行为表现	觉察朋友的情绪	理解朋友的需要	我的感受	我为朋友提供的帮助

第六课时　冲突的美好

课时目标

1. 理解朋友间产生冲突的原因：需要或反应模式不同，并且希望对方的需要或反应模式与自己相同。
2. 学会用"善待冲突法"来解决朋友间的冲突：首先要珍惜友谊，然后要了解和尊重朋友与自己不一样的需要和反应模式。
3. 理解冲突可能会让朋友间的关系变得更亲密。

活动安排

名称	目标	准备	难点
活动一　不"打"不相"识"	目标1	无	理解朋友间产生冲突的原因：需要或反应模式不同，并且希望对方的需要或反应模式与自己相同
活动二　善待冲突	目标2 目标3	无	学会用"善待冲突法"解决朋友间的冲突

日常修炼

三级功夫第六招：善待冲突法。

理 论 依 据

　　心理学家认为，情绪理解主要有两种情况：以愿望为基础的情绪理解和基于信念的情绪理解。以愿望为基础的情绪理解是指个体对于自己或他人是否满足愿望时所产生的情绪的理解；基于信念的情绪理解是指个体对于情境与自己或他人所持信念是否一致所产生的情绪理解。[①]

　　愿望本质上就是内心的需要。信念是人们认识事物的基点和评判事物的标准，这种标准在本质上是一种态度和愿望，也是内心的需要。

　　冲突往往传递着需要警觉的信息，我们需要对这些信息进行深入的理解。朋友之间解决冲突的根本办法就是要了解和尊重朋友与自己不同的需要和反应模式，兼顾自己与朋友的需要和反应模式。

开课了（5分钟）

我还记得

你还记得上节课的主题是什么吗？你都学到了什么？

---

① 傅小兰. 情绪心理学 [M]. 上海：华东师范大学出版社，2016：187.

主题：默契的美好

（1）默契有三种模式：共同需要和互相需要，所以"一拍即合"；我需要，你就在；你需要，我就在。

（2）朋友间的默契来源于彼此的惦记、观察和倾听。

（3）默契让我们温暖又舒畅。

练功分享

三级功夫第五招"我在你身边"你练得怎么样了？和我们分享一下你的练功成果吧！

导入新话题

同学们，上节课我们体会到了朋友间由默契带来的温暖与舒畅。那么，你和朋友间发生过冲突吗？这种冲突给你带来了什么？

第一单元

第二单元

第三单元

第四单元

第五单元

活动一 不"打"不相"识"(12分钟)

1 情景故事

打 球 风 波

下课铃声响了，小天赶紧从书桌里拿出一本书，小心翼翼地翻到夹着书签的那一页，认真地读了起来。"小天，小天……，我叫你好几声了，你怎么不理我呀？"小天抬头一看，发现小早拿着乒乓球拍站在门口喊他。"小天，咱们去打乒乓球吧，快点儿，上一局还没分出胜负呢！"小早着急地说。"我不去打球了，我要把这故事读完，你自己去吧。"小天说着，目光又回到了他的课外书上。小早一听着急了："你不去怎么行呢？上一局还没分出胜负呢。书什么时候都能看，快点儿走吧，要不一会儿球台被占了。"说话间，小早已从门口冲到了小天的座位前，伸手去拽小天的胳膊，想拉他起来去打球。小天正要翻书，胳膊被小早一拽，只听刺啦一声，书被撕了一个大口子。小天愣了一下，看了看手中的书，冲小早吼了起来："你真讨厌！我就是不想去打球了，你干吗拽我呀？你弄坏了我的书，你赔！"旁边的小早也愣在了那里，她没想到会将小天的书撕坏。但是，听到小天冲自己吼，她也很生气："你吼什么吼，我也不是故意的，谁让你不陪我打球，哼！"说完，小早生气地跑出了教室，留下小天在座位上伤心地抹眼泪。

2 讨论

（1）故事结束时，小天和小早分别是怎样的情绪？

【说明】引导学生体会朋友间产生冲突时不舒畅的情绪。开始时，小早想打球的兴奋的情绪在小天这儿没有得到积极的回应，她的情绪就变为不舒畅的、郁闷的；之后，小早伸手拽小天的胳膊，把小天的书撕了一个大口子，看到小天生气、冲自己吼，她也生气了。小天刚开始看书时心里很开心；听到小早的请求，他没有受到影响，依旧沉浸在看书的情绪里；当小天看到自己的书被撕坏了，耳边还回响着小早的责备声时，他又生气又伤心，还觉得委屈。总之，故事结束时小天和小早的情绪都是不舒畅的。

（2）小天和小早这对好朋友产生冲突的原因是什么？

【说明】教师应引导学生认识到小天与小早产生冲突的原因是他们的需要不同，并且希望对方能够满足自己的需要（需要不同不一定会产生矛盾，在出现不同需要的时候，希望对方满足自己的需要是产生矛盾的根本原因，这一点是学生在思考过程中需要提升的点，教师要多关注）。

3 情景故事

木 头 人

小美和小曼是一对好朋友。大课间自由活动时，她们相约一起到学校的花园去散步。来到花园中，小曼看到满园盛开的花朵，高兴得不得了，蹦蹦跳跳地转了好几圈，转身对小美说："小美你看，花园里的花好漂亮啊！我好喜欢这些花呀！"小曼的声音里透着欣喜。"哦。"小美淡淡地说。"什么是'哦'呀，看到这么漂亮的花，你不觉得高兴吗？你不喜欢花吗？"小曼有点儿生气地对小美说。"我喜欢花呀。"小美有点儿蒙。"那我和你说这花漂亮、我很喜欢，你'哦'什么！没有情趣，跟木头人一样。好心情都被你给破坏了，真烦！我以后再也不和你这样的木头人玩了！"说完，小曼转身就走了，剩下小美自己呆呆地站在那里。

4 讨论

（1）小曼和小美这对好朋友产生冲突的原因是什么？

【说明】教师应引导学生感知在这个故事中朋友间产生冲突是因为她们的反应模式不同，并且希望对方的反应模式与自己相同（由反应模式不同引发的朋友间的冲突，其

第一单元
第二单元
第三单元
第四单元
第五单元

本质是希望对方与自己的反应模式相同，这一点是学生在思考过程中需要提升的点，教师要多关注）。故事中，小曼喜欢花，见到漂亮的花很高兴，情绪反应强烈；小美也喜欢花，但她看见自己喜欢的花时情绪反应比较微弱。可以引导学生结合《我是密码高手》中提到的情绪反应密码的强弱维度来理解。

（2）如果你是小曼或小美，你会怎样解决冲突？

【说明】引导学生发现：解决冲突首先要善待冲突、珍惜友谊，其次要寻找产生冲突的原因，从而解决冲突。

5 活动小结

朋友间的冲突是由于双方的需要或反应模式不同，并且希望对方的需要或反应模式与自己相同产生的。

活动二 善待冲突（13分钟）

小天和小早的友情后来怎么样了？经历过冲突后他们还是好朋友吗？让我们一起看看接下来的故事。

1 情景故事

打球风波（续）

三天后的晚上，小天在家里开生日会，和朋友们一起庆祝生日。大家正分蛋糕时，门铃响了。小天高兴地去开门，打开门后，他愣住了，原来是小早站在门外。"小早，你怎么来了？"小天吃惊地问。"小天，生日快乐！"小早低着头，手里拿着一本书，鼓起勇气说："我是来向你道歉的。我那天撕坏了你的书，让你伤心了。当时我只是想让你陪我一起去打球，不是故意的。这是送你的生日礼物——《哈利·波特》。""你怎么知道今天是我的生日？你怎么知道那本书是《哈利·波特》？"小天看着小早，激动地问。原来，那天小早不小心撕坏了小天的书，跑出去之后，她并没有去打球，而是跑到教室后门，在门外偷偷地观察小天。她看见明明在安慰小天，听到小天伤心地对明明说："这是我最喜欢的《哈利·波特》，周三是我的生日，这是妈妈特意买给我的生日礼物。"小早看到小天伤心，心里也很难过，悄悄记下了小天的话，为小天准备了《哈利·波特》作为生日礼物，并且真诚地向小天道歉。小天感动地说："小早，我也不好，没有考虑到你的感受，还冲你吼。……谢谢你来参加我的生日会！"小天连忙邀请小早进屋，两个好朋友一起高兴地去吃蛋糕了。打球风波之后，小天和小早关系更好了，不是一起读《哈利·波特》，就是一起打乒乓球。

2 讨论

（1）小天和小早是怎样化解冲突的？

【说明】引导学生认识到，要化解冲突，首先要心中有朋友，运用美好回忆法，不放弃友谊。在珍惜友谊的基础上，分析冲突产生的原因，还要了解、尊重朋友和我们不一样的地方。

（2）生日会后他们的友情怎么样了？

【说明】他们都更加关注对方的需要了，也更加了解对方了。引导学生感受发生冲突后双方产生深度理解的美好与舒畅：小早居然知道小天喜欢的书是《哈利·波特》，小天也开始了解小早打球的愿望了。

小美和小曼的友情又怎么样了？让我们再来看看小美和小曼的故事吧。

3 情景故事

木头人（续）

自从对小美发了脾气，责备小美是木头人之后，小曼心里一直感觉不舒畅。没有小美的陪伴，她老觉得少了点什么。"那么漂亮的花，小美难道不喜欢吗？不对，

她说了她也喜欢呀。可为什么我跟她说花很漂亮、我很喜欢的时候，她只是'哦'了一声？……"小曼自问自答，心里充满了困惑。"就算小美不喜欢花，我也不应该说她是木头人呀！"想到这里，小曼有点懊悔，她想找机会和小美聊聊。

放学的时候，小曼偷偷地观察着小美。她见小美收拾完书桌，背起书包朝学校的花园走去。"小美放学不回家，去花园干什么？"小曼犹豫再三，还是决定跟过去看看。小曼悄悄地来到花园，她看见小美一手拿着笔一手拿着本子，坐在花坛对面的座椅上，似乎在写着什么。"难道她想在花园里写作业？"小曼心里嘀咕着。她悄悄地走近小美，发现小美原来是拿着速写本在画花。"小美，你画的花好漂亮呀！"小曼忍不住喊了出来。"小曼！你怎么来了？"小美吃惊地问。"我来看看你在做什么。"小曼有点不好意思。"我在画花。你看我画的月季花怎么样？前面还有我画的牵牛花呢。"说着，小美把自己的速写本递给小曼欣赏。"小美，你画了这么多漂亮的花呀，画得真好！"小曼不由地赞叹道。"原来你这么喜欢花，我上次错怪你了，还说你是木头人，真对不起。"小曼有点不好意思地说。"没关系，可能是我的表达有问题，惹你生气了。"小美笑着说。"对呀，你明明这么喜欢花，我上次和你说花很漂亮、我很喜欢的时候，你干吗就'哦'了一下，表现得那么无所谓呀？"小曼着急地追问。"你以为所有人都和你一样，看到喜欢的东西就会很明显地表现出来呀。"小美笑着说，"这张明信片是送给你的，我在上面画了你最喜欢的玉兰花。"说着，小美从书包里拿出自己手绘的明信片递给小曼。"你太好了！小美，我要和你一起画，把这些漂亮的花都画下来！"小曼激动地抱住小美，弄得小美有点不知所措。

4 讨论

（1）小曼和小美是怎样化解冲突的？

【说明】首先，她们都珍惜友谊；其次，小曼明白了小美也喜欢花，只是她的反应模式和自己不一样。小曼的情绪反应强烈，小美的情绪反应比较微弱，但是持久（她在速写本上画了很多花）。这没有对错之分，只是每个人对事物的情绪反应不一样而已。

（2）面对冲突时，小美有没有主动去解决？

【说明】引导学生去观察、体会情绪反应比较弱的同学在遇到冲突时是怎样面对冲突、解决冲突的。经过讨论，使学生进一步感知反应模式不同带来的人的行为表现的差异，进而加深朋友间的了解。

（3）经过这次冲突，她们的友情怎么样了？

【说明】引导学生感受发生冲突并化解冲突后双方产生深度理解的美好与舒畅：小曼理解了小美对喜欢的事物的情绪反应并不像自己那么强烈，她对小美的误会解除了，心里不再困惑，心情也舒畅了，还与小美相约一起画花；小美心里想着小曼的喜好，并为小曼绘制了她喜欢的明信片。冲突解决了，她们的关系更亲密了。好朋友间出现冲突是正常的，不要因为冲突就放弃友谊。好朋友间出现的冲突可以帮助我们更深入地看清自己和朋友之间不同的需要，提醒我们关注好朋友的需要，帮助我们和好朋友更好地相处。因此，要善待冲突。

5 活动小结

（1）善待冲突可以让我们的友情变得更美好，让我们的心情变得更舒畅。

（2）善待冲突首先要珍惜友谊，其次要深入了解和尊重朋友与自己不一样的需要和反应模式。

我学到了（5分钟）

（1）朋友间产生冲突的原因：需要或反应模式不同，并且希望对方的需要或反应模式与自己相同。

（2）可以用"善待冲突法"来解决朋友间的冲突：

首先要珍惜友谊，然后要了解和尊重朋友与自己不一样的需要和反应模式。

（3）"你需要＋我需要""你反应＋我反应"，掌握了需要密码和反应密码，我们就能成为友谊密码高手和冲突解决高手。

（4）通过沟通解决冲突可以让朋友间的关系变得更加亲密。

第一单元

第二单元

第三单元

第四单元

第五单元

我的练功房（5分钟）

三级功夫第六招：善待冲突法。

1 练功目的

体会朋友间因善待冲突带来的更牢固、更美好的友谊。

2 练功要领

（1）运用美好回忆法和美好憧憬法，不放弃友谊。

（2）分析冲突产生的原因（需要或反应模式不同，并且希望对方的需要或反应模式与自己相同）。

（3）主动解决冲突。

（4）体会善待冲突后的美好感受。

善等冲突

冲突事件	美好回忆法 美好憧憬法	朋友的需要或 反应模式	我的需要或 反应模式	解决冲突的方法

单元目标

1. 体会团队给自己带来的温暖和智慧，认识到自己需要团队。

2. 体会团队的任何事情都需要团队成员共同努力，理解团队中各种角色都很重要。

3. 能够觉察团队的各种需要，理解团队需要自己。

4. 能够感受到团队共振的协调一致之美、力量与伟大之美。

5. 能够感受到团队交响的此起彼伏之美、丰富多彩之美。

单元内容结构

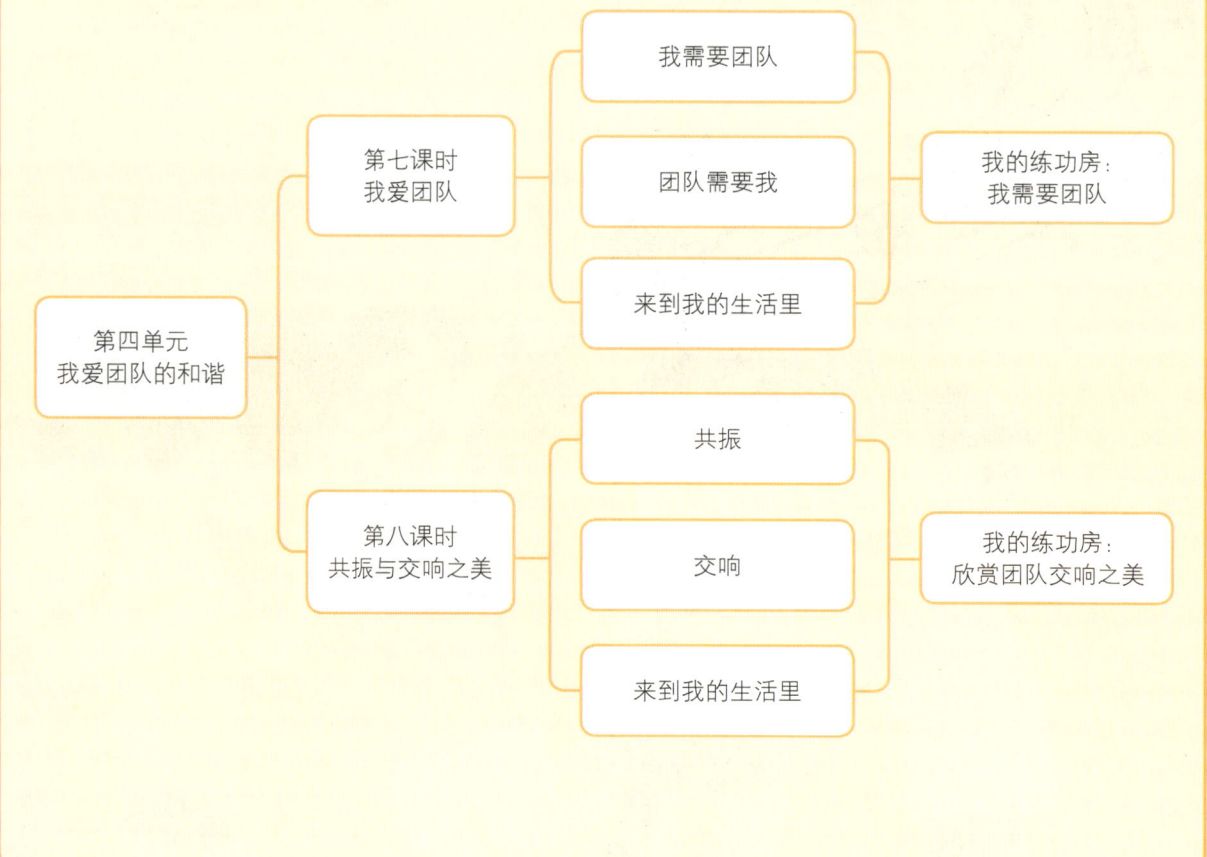

第七课时　我爱团队

课 时 目 标

1. 体会团队给自己带来的温暖和智慧，认识到自己需要团队。

2. 体会团队的任何事情都需要团队成员共同努力，理解团队中各种角色都很重要。

3. 能够觉察团队的各种需要，理解团队需要自己。

活 动 安 排

名称	目标	准备	难点
活动一　我需要团队	目标 1	无	体会团队带给自己智慧，认识到自己需要团队
活动二　团队需要我	目标 2 目标 3	无	觉察团队的各种需要，理解"团队需要我"
活动三　来到我的生活里	目标 3	无	联系实际，分析"团队需要我"

第一单元

第二单元

第三单元

第四单元

理 论 依 据

研究表明，建立社会情感是消除孤独、获得幸福的源泉。归属感是被团队认可和接纳的隶属感，是社会情感的一种具体表现，是自我意义的体现和提升，也是自我价值的一种实现和体现。

开课了（5分钟）

我还记得

你还记得上节课的主题是什么吗？你都学到了什么？

主题：冲突的美好

（1）朋友间产生冲突的原因：需要或反应模式不同，并且希望对方的需要或反应模式与自己相同。

（2）可以用"善待冲突法"来解决朋友间的冲突：首先要珍惜友谊，然后要了解和尊重朋友与自己不一样的需要和反应模式。

（3）"你需要＋我需要""你反应＋我反应"，掌握了需要密码和反应密码，我们就能成为友谊密码高手和冲突解决高手。

（4）冲突可能让朋友间的关系变得更亲密。

练功分享

三级功夫第六招"善待冲突法"你们练得怎么样? 说一说你的练功故事吧。

导入新话题

上节课我们体会了朋友之间的美好。除了和朋友相处,我们也生活在大大小小的团队中,例如小组、班级等。在团队中我们是不是也有许多美好的回忆? 这节课我们就一起来寻找团队的美好回忆。

【说明】教师此时可以带领学生回忆之前学过的团队密码,并明确有共同的目标才能成为团队。

活动一 我需要团队(13分钟)

1 情景故事

谢 谢 你 们

在一节学习分类统计的数学课上,老师给大家播放了
学一组,观看视频并合作统计 6 分钟内十字路口经过的车

阳阳听了老师的要求,想都没想,就对同组的小伙伴说:
不就是数数嘛,我一个人就行,不需要跟你们合作。"其他组员
再管他,分工后各自去做准备了。

第一单元

第二单元

第三单元

第四单元

第五单元

当大屏幕上播放视频时，同学们都按照分工数着快速驶过路口的车辆。阳阳数着数着，发现车辆越来越多，速度也越来越快，看得他眼花缭乱。他感到有些力不从心了。视频播放结束时，阳阳不停地在纸上写写画画，还是不能确定路口经过的车辆的数量。

这时，老师说要再播放一遍视频，并要求小组合作统计6分钟内经过路口的不同类型车辆的数量。阳阳心想："难度更大了，怎么办？我一个人怎么统计这么多种车？"马上就要开始了，阳阳怎么也想不出好办法。想重新加入小组，可刚才他已经说了大话，不知道该如何跟大家解释。

这时，同组的月月正好看了下阳阳。她看到阳阳眉头紧锁，在纸上画了数、数了画，就知道阳阳进展得并不顺利。于是，月月邀请阳阳重新加入小组："阳阳，你遇到困难了吗？要不要回到我们组？我们5个人要完成下一个任务也有点吃力，就差你了。""对不起，我，我……"阳阳惭愧得满面通红。小组其他成员听到了，也都邀请阳阳回来。小美说："没关系，快来吧，不然咱们就完不成了。"小曼说："太好了，人多力量大！"珊珊说："我们正在讨论下个任务的分工，你有什么好主意吗？"就连平时不爱跟别人交流的浩浩也朝他露出了友好的笑容。阳阳顿时感觉心里暖暖的，说："谢谢你们！我一定好好配合大家。"

接下来，大家你一言我一语，很快商量出了统计方法并进行了分工。最终，他们又快又好地完成了统计任务，得到了老师的夸奖。

这是我们团队的智慧！

小美	小曼	阳阳	月月	珊珊	浩浩
自行车	摩托车	公交车	小轿车	卡车	货车
14	8	18	9	23	12

2 讨论

（1）阳阳发现自己一个人无法完成统计任务时先后出现了什么样的情绪？

【说明】教师可以先让学生自由地谈自己的想法，然后引导学生体会阳阳的情绪变化过程。阳阳当时的情绪变化可分为三个阶段：第一个阶段的情绪是着急、焦虑，因为自己完不成任务了；第二阶段的情绪是懊恼、后悔，后悔自己之前从团队中退出；第三阶段的情绪是期待、担心，因为他特别渴望回到团队，又担心团队成员嫌弃他，不让他参加。

（2）团队其他成员为阳阳做了什么？他们所做的满足了阳阳内心的哪些需要？

【说明】先让学生说出团队其他成员做了什么，然后让学生分析这些是不是阳阳需要的。要引导学生通过情绪密码透视法来发现藏在阳阳情绪背后的需要。

团队其他成员重新接纳了阳阳，安慰他、鼓励他，这是团队带来的温暖。在大家的共同努力下，他们想出了统计办法，分工合作，最终又快又好地完成了统计任务，这是团队带来的智慧。

第一单元

第二单元

第三单元

第四单元

第五单元

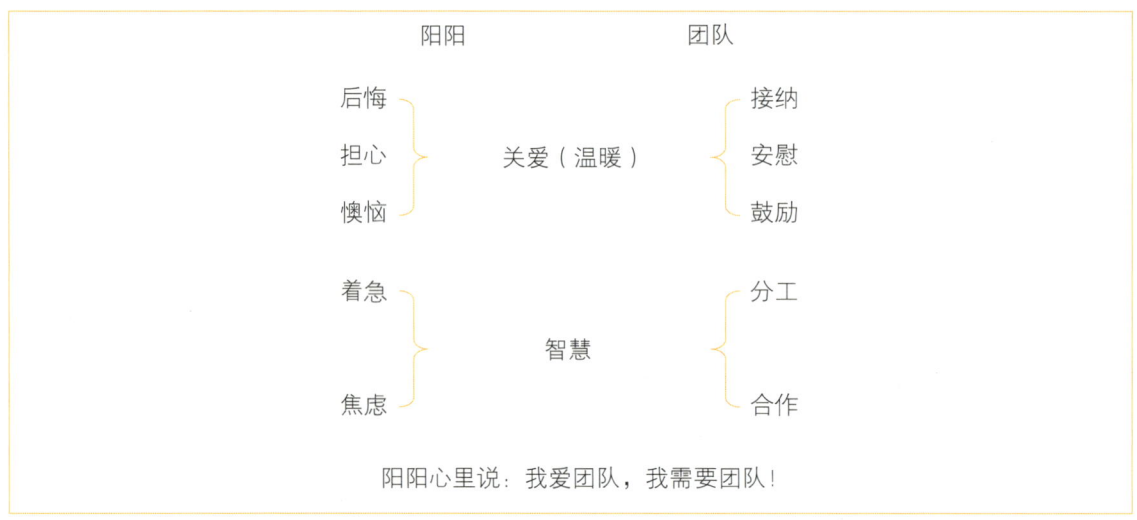

阳阳心里说：我爱团队，我需要团队！

（3）阳阳最终的心情是怎样的？你觉得他有什么话要对团队其他成员说？

【说明】学生可能会说出感激、自豪等，但最终可以汇成一句话：我爱团队，我需要团队，团队太了不起了！

3 活动小结

团队给我温暖、给我智慧，我需要团队。

活动二　团队需要我（13分钟）

1 情景故事

元旦联欢会

四年级二班的学生最近在筹备元旦联欢会。珊珊觉得自己没有什么特长，也不会表演，这次的元旦联欢会跟自己没有太大关系。她看着其他准备表演的同学为这次联欢会忙来忙去，自己却不能上台，感觉班级里有没有她都一样，心里很失落。这天下课后，班长月月找到了她，对她说："珊珊，我记得你很喜欢摄影，开元旦联欢会那天你能负责照相吗？"珊珊心想：不能上台也没关系，能为大家照相也很好啊。于是她开心地说："好啊！"到了元旦联欢会那天，珊珊一早就带着特意准备的

相机来到会场，帮大家照了很多照片。

　　一周后，看到活动展示墙上一张张元旦联欢会的照片，大家都很开心，仿佛又回到了那天的欢乐时光。月月说："珊珊，你拍照技术太好了！下次班级活动还找你拍照。"阳阳说："真感谢珊珊用相机为我们留住了这些值得纪念的时刻。"小美说："珊珊，你把我们照得这么好看，有你真好！"小曼说："有了珊珊，这次元旦联欢会更圆满了。"看着自己拍摄的一张张照片，听着同学们的夸赞，珊珊觉得特别开心：原来，班级一直需要她！

　　2 讨论

　　（1）这次元旦联欢会如果没有人照相会怎么样？

　　【说明】如果没有人照相，大家可能不会留下这么多美好的回忆。引导学生思考每个角色的价值，让学生认识到，一个好的团队，需要很多角色参与，每个角色都很重要。虽然你不是表演者，也不是元旦联欢会的策划者，但你有可能是负责场地的人、负责服装道具的人、负责音响设备的人或者是负责宣传的人，甚至只是一个观看表演的人，不管你是什么角色，都有自己的价值。

　　（2）这次是班长主动找珊珊照相，如果下次班长没有主动找她，珊珊该怎样做呢？

　　【说明】让学生学会发现团队的各种需要，激发学生的主动性，并引导学生打开思路，考虑珊珊还能为联欢会做些什么，比如办黑板报、打扫卫生、负责音响、负责场地等。这实际上就是在引导学生思考他人或者团队的需要。

第一单元

第二单元

第三单元

第四单元

第五单元

3 活动小结

（1）团队的任何事情都需要大家共同努力，团队中各种角色都很重要。

（2）要善于发现团队的各种需要，团队需要我。

活动三　来到我的生活里（5分钟）

相信我们每个人都或多或少地为团队做过贡献，请你回忆一下你为团队做过什么，给大家讲一讲你为团队做贡献的美好故事吧。

我为团队做贡献

	在什么活动中	做过什么事情	有何意义
我的回忆	在庆功会的演出活动中	化妆	让小演员们在台上更加闪亮，舞台效果更棒
团队成员帮我回忆			

【说明】先让学生回忆并分享自己曾经为团队做过什么，然后让团队中其他成员帮助他回忆，最后，让每个学生都根据自己的回忆和团队成员的提示，写出自己为团队所做的贡献。

我学到了（2分钟）

（1）团队给我温暖、给我智慧，我需要团队。

（2）团队的任何事情都需要大家共同努力，团队中各种角色都很重要。

（3）要善于发现团队的各种需要，团队需要我。

我的练功房（2分钟）

三级功夫第七招：我需要团队。

1 练功目的

通过回忆自己在团队中得到帮助的故事，体会团队给自己带来的温暖和智慧，认识到自己需要团队。

2 练功要领

分析当时自己遇到的困难、自己的情绪以及自己到底需要什么，感受团队成员是怎样帮助自己的。

我需要团队

我遇到的困难	我的情绪	我的需要	团队成员是怎样帮助我的	得到帮助后我的情绪
要参加舞蹈比赛，动作不标准	焦虑、着急	矫正动作细节	小红陪我练习 小超帮我播放伴奏音乐 小丽帮我纠正动作	在感激的核心情绪里感受到温暖、舒畅、开心、放松、安心

第八课时　共振与交响之美

课时目标

1. 理解团队共振的主要特征是协调一致，产生团队共振的条件是团队成员有共同的目标，并且为了实现目标进行自我调整。
2. 感受团队共振的协调一致之美、力量与伟大之美。
3. 理解团队交响的主要特征是成员之间此起彼伏的呼应。
4. 体会团队交响中的此起彼伏是由团队成员不同的反应模式带来的。
5. 感受团队交响的此起彼伏之美、丰富多彩之美。

活动安排

名称	目标	准备	难点
活动一　共振	目标1 目标2	提前找好相关视频资源	联系生活理解团队共振的协调一致之美、力量与伟大之美
活动二　交响	目标3 目标4	提前找好相关视频资源	进一步理解团队中的共振和交响，体会其中的美好
活动三　来到我的生活里	目标3 目标4 目标5	提前排练情景剧	感受团队交响的此起彼伏之美、丰富多彩之美

日常修炼

三级功夫第八招：欣赏团队交响之美。

理 论 依 据

　　反应模式在情绪当中是十分重要的，不同的人有不同的反应模式。我们认为，反应模式是自我的重要密码。在团队活动中，大家以同样的反应模式做出反应会形成共振；在同一目标下，以不同的反应模式做出反应会形成交响。无论是团队共振还是团队交响，其前提都是团队成员有共同的目标，大家相互理解、相互支持、志同道合、彼此呼应。

　　团队共振和团队交响是团队给我们带来的独特的美好，能够感受这种美好是学生形成社会情感和团队归属感的重要基础。

第一单元　第二单元　第三单元　第四单元　第五单元

开课了（2分钟）

我还记得

你还记得上节课的主题是什么吗？你都学到了什么？

主题：我爱团队

（1）团队给我温暖、给我智慧，我需要团队。

（2）团队的任何事情都需要大家共同努力，团队中各种角色都很重要。

（3）要善于发现团队的各种需要，团队需要我。

练功分享

三级功夫第七招"我需要团队"你们练得怎么样？谁愿意与大家分享一下你的练功成果？

要求：一要把故事讲清楚，二要分析在故事中自己到底需要什么，三要说清楚团队成员是怎么帮助自己的。

导入新话题

在上节课的学习中，我们知道了团队对于我们每个人来说都很重要，一个人的发展离不开团队的支持，一个优秀的团队也离不开每一个成员的支持与配合。这节课我们一起来认识一下团队的共振和交响，看它们在团队合作中是怎样发挥作用的。

活动一　共振（6分钟）

1 认识共振

请同学们先来看一看共振实验，了解什么是共振。

【说明】建议教师提前准备一些共振实验的视频，在课堂上播放给学生看，让学生感受共振。

2 讨论

（1）看了共振实验，请你想一想：什么是共振？共振的特征是什么？

【说明】教师带领学生通过观看视频，了解共振就是从不一致到协调一致，了解共振产生的过程和共振的特征——每个小钟摆为了协调一致，不断进行自我调整，这就是为了共同的目标，达到整齐和方向一致——并类比地认识团队共振。在讨论中学生可能先说出协调一致，再说出自我调整，最后说出共同目标，这时教师要让学生再想一下这三者应该怎样排序，学生可能就会想先有一个目标，才会协调一致，要协调一致就要自我调整。让学生清楚这三个特征之间的逻辑关系，为后面的学习做铺垫。

（2）生活中有哪些体现团队共振的例子？

【说明】可结合赛龙舟的例子帮助学生体会团队共振。也请学生结合自己的例子体会团队共振的特征、产生团队共振的条件以及团队共振带来的美好感觉。尤其要让学生体会"同一个目标"的重要性，体会如果没有同一个目标、同一个方向，团队成员做出的努力就可能是在帮倒忙。可以举一些具体的例子帮助学生理解。

（3）团队共振有什么特征？

【说明】团队共振的主要特征是"协调一致"，表现为"同一个方向""同一种方式""同一个节奏"等。

（4）团队共振给你带来了怎样的美好？

【说明】团队共振带来的美好感受是：协调一致之美；团结中的志同道合之美；力量与伟大之美。

如果学生在此处没有说出美好的感受，特别是对"力量与伟大之美"的体验，教师可引导：如果你就是共振实验中的一个钟摆，你会有怎样的感受？当所有钟摆经过调整产生共振时，你有没有感受到团队的力量？有没有感受到自我调整很伟大？从而帮助学生进一步理解团队共振之美。

3 活动小结

（1）团队共振的主要特征是"协调一致"；产生团队共振的条件是团队成员有共同的目标，并且为了实现目标进行自我调整。

（2）我们能感受到团队共振的协调一致之美、力量与伟大之美。

活动二 交响（15分钟）

前面我们讨论了团队共振的美好，其实在团队中除了共振以外，还有另一种

美。是什么呢？我们快去看一看。

1 了解交响乐

你听过交响乐吗？知道什么是交响乐吗？我们一起来了解一下吧。

【说明】教师可以找一些经典的交响乐视频给学生观看，如《梁祝》《黄河大合唱》等，让学生感受交响乐。教师要引导学生理解：演奏一个曲子，团队成员共同的目标就是演奏出完整的旋律，这需要各种乐器的配合。

2 讨论

（1）你感受到交响乐的美了吗？你能说说它美在什么地方吗？

【说明】让学生根据已有经验说说自己的感受。教师引导学生体会交响乐的丰富多彩之美、此起彼伏之美。

（2）你觉得交响乐的美与共振的美有什么不同？

【说明】共振和交响都要有共同的目标：共振的目标是整齐划一；交响乐是乐队成员在一个共同的目标下相互配合的结果，他们的共同目标是演奏出完美的旋律。为了便于学生的理解，教师可追问：交响乐的旋律是怎样表现出来的？让学生理解：交响乐此起彼伏的旋律需要各种乐器的配合，音乐是情感的表现，音乐的旋律就是情感强弱以及正负向的一种表达。

（3）在我们的团队合作中有没有产生过这种美妙的"交响乐"呢？

【说明】学生可能会谈到团队合作更多是分工与合作，教师可以追问：在团队合作中有没有不同的反应模式产生的情绪旋律存在呢？引导学生体会反应模式不同的团队成员一起做事时就像共同演奏美妙的交响乐一样，大家只有目标一致、相互配合，才能让人感受到团队交响的此起彼伏之美、丰富多彩之美。

3 活动小结

在一个团队中不可能所有人的反应模式都一致，但恰恰是具有不同反应模式的团队成员在共同的目标下相互配合，才能让人感受到此起彼伏之美、丰富多彩之美。

活动三　来到我的生活里（8分钟）

在我们的团队中也经常能发现交响之美，下面我们来看看团队中发生的"交响故事"吧！

1 演一演

我们小组的新年节目诞生了

快过年了，班里要组织新年联欢会。班委会经过讨论，决定让每个小组自编自演一个节目。

月月说："太好了！我们要编自己的节目了！"

小强附和说："我们组肯定能编出班里最好的节目！"

"编什么节目呢？"一旁的小曼眨巴着眼睛，好奇又疑惑地问。

"其他组的同学也都多才多艺，要当第一很难。"齐齐面露难色。

听了齐齐的话，浩浩着急了："那怎么办呢？这样，我先去看看别的小组有什么进展。"

这时，小曼好像受到了启发："咱们先分析一下我们每个人的特长，怎么样？"

月月开心地说："对呀，我们每个人都是有特长的呀！"

"对，把我们的特长都展现出来，就能编出最好的节目了！"小强觉得心里充满了希望。

说干就干，齐齐马上拿出纸和笔："咱们现在就分析一下吧。"

月月说："我会弹古筝，但是就会一点点。对了，最近老师正在教《喜洋

洋》，我很喜欢。"

齐齐说："太好了！月月，你就演奏《喜洋洋》吧。"

小曼又眨着眼睛说："那也不能月月一个人表演吧？"

齐齐认真地提醒大家："一个人表演的节目不能算是小组的节目，小组的节目应该是小组成员都要上台才行的。"

小强马上说："我可以陪月月……可是怎么陪呢？不能就站在那儿吧。"小强着急地挠着头。

这时，浩浩回来了，他告诉大家："别急，别的小组也都没想好演什么节目呢。"

小强说："我们组已经有进展了。"

浩浩让小强介绍了小组的进展。

小曼突然想到了什么，对小强说："小强，你喜欢唱歌，还有打击乐，你怎么忘了？"

"可是，我才刚学了一点，不敢演奏。"小强边说边摆手。

月月也想起来了："我看过一个《喜洋洋》的视频，里面有一个演员用木鱼伴奏。那个可简单了，只要跟上节奏就可以了。小强，你肯定行！"

齐齐提醒大家："现在只有两个人上台，谁还可以上台呢？"

"上台干什么呢？"小曼问。

浩浩说："上台可以表演相声、朗诵、唱歌……"

小曼说："我喜欢台上演员和台下观众互动，比如演员走到观众席和大家一起唱歌。但咱们怎么互动呢？"

齐齐提醒大家说："咱们还是回来分析每个人的特长吧。"

浩浩说："齐齐，你的毛笔字写得好！"

小曼开心地说："齐齐，你就多写些'喜'字吧，现场可以送给同学们，大家肯定特别高兴。"

这时候，浩浩急了："小曼，我们俩干什么呢？"

小强说："你们俩来一个新年祝福的朗诵吧。"

"那谁写朗诵稿呢？要写出我们的心声。"齐齐说。

浩浩对小曼说："小曼，你写吧，你的文章写得好。"

小曼说："我可以写，但我没写过新年祝福，怎么写呢？"

浩浩说："新年祝福就是祝福老师、祝福同学们呗！"

"我试试吧，我写出来大家帮我改，行吗？"小曼期待地看着大家。

"可以。""没问题。""一定。"大家纷纷说。

这时候，齐齐举起记录单问大家："我们小组的节目就叫'喜洋洋'怎么样？"

"同意！"小组的节目就在大家异口同声的回答中产生了。

2 画图

请同学们根据故事中不同人物的反应模式，画出前8个自然段中小组成员的情绪起伏图。

【说明】表演后，教师追问：从刚才同学们的表演中你发现了什么？可能学生会提到他们是分工合作的。教师要充分认可这一点，但仍然要引导学生去体会故事中不同人物有着不同的反应模式，这种反应模式造成了整个故事"此起彼伏"，推动大家达到这样一个共同的目标，因此他们的反应模式都是有意义的。在分析中学生可能对故事中人物情绪的强弱、正负向有不同的体会，教师要尊重学生的感受，如果时间允许，还要充分分析每个人物的反应模式。

故事中不同人物有着不同的反应模式。教师可以引导学生根据故事中每个人物的情绪反应从正负向、强弱两个维度画出五位同学的情绪起伏图（见下页图）。在故事的前8个自然段中，情绪正向的是月月、小强和浩浩，中间情绪的是小曼，齐齐的情绪有些偏负向。画图时用暖色表示正向情绪，冷色表示负向情绪，中间色表示中间情绪。情绪的

第一单元

第二单元

第三单元

第四单元

第五单元

强弱用彩色圆点的高低来表示，故事中情绪强度高的是小强和浩浩，浩浩的情绪强度低于小强，高于小曼，和月月差不多。需要特别说明的是，故事中浩浩在开始时情绪看起来偏负向或者中间情绪，但后来他积极地想办法，他的话启发了小曼和月月，因此，整体来看浩浩的情绪是正向的。

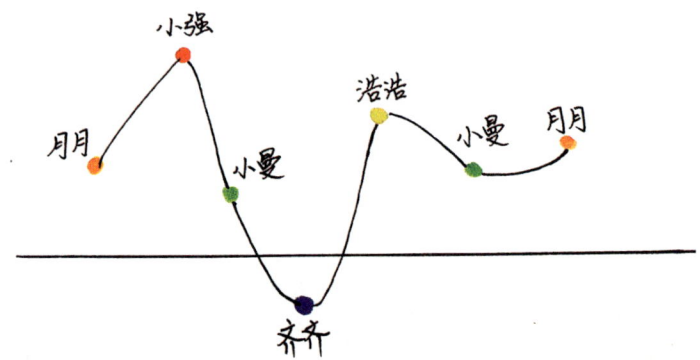

3 讨论

情绪起伏图中的"此起彼伏"是怎样造成的呢？

【说明】图中的"此起彼伏"是由故事中不同人物不同的反应模式造成的。引导学生分析团队成员不同的反应模式在团队交响中的意义，学生初步理解即可。

4 活动小结

（1）团队交响的主要特征是团队成员之间此起彼伏的呼应，这种呼应形成了完美的旋律，推动大家完成共同的任务。

（2）团队交响中的此起彼伏是由团队成员不同的反应模式带来的。

（3）我们能感受到团队交响的此起彼伏之美、丰富多彩之美、相互配合之美。

我学到了（2分钟）

（1）团队共振的主要特征是协调一致，产生团队共振的条件是团队成员有共同的目标，并且为了实现目标进行自我调整。

（2）我们能感受到团队共振的协调一致之美、力量与伟大之美。

（3）团队交响的主要特征是团队成员之间此起彼伏的呼应。

（4）团队交响中的此起彼伏是由团队成员不同的反应模式带来的。

（5）我们能感受到团队交响的此起彼伏之美、丰富多彩之美。

我的练功房（2分钟）

三级功夫第八招：欣赏团队交响之美。

1 练功目的

（1）感受团队交响的此起彼伏之美、丰富多彩之美。

（2）体会团队成员不同的反应模式在此起彼伏中的作用。

2 练功要领

（1）填写团队交响表。

（2）画出团队成员的情绪起伏图。

（3）体会每个成员的反应模式在此起彼伏中的作用。

第一单元

第二单元

第三单元

第四单元

第五单元

我的练功房

团队交响				
团队活动内容	团队成员	情绪反应模式		
		情绪的正负向	情绪强弱	情绪持续度

健康宣言（2分钟）

同学们，我们的三级功夫全部学完了，你有没有一种"功力大增"的感觉？我们体会到了生活的美好、家庭的美好、友谊的美好、团队的美好，让我们一起和美好相遇吧。

遇见美好

我有大大小小的快乐，

我也有不一般的快乐，

快乐都是美好的。

美好是耐心听，

美好是好好说，

美好是惦记和陪伴，

美好是共振和交响。

默契里有美好，

冲突里也有美好。

让我们享受在一起的美好，

让我们憧憬明天更美好！

我愿意回忆昨天的美好，留住今天的美好，憧憬明天的美好。让我们每天的生活都美好！

宣誓人：_____

____年____月____日

【说明】教师提示：希望每个学生都能对自己的宣誓负责，学会运用美好回忆法和美好憧憬法。

"大功告成"：我的练功单元（3分钟）

同学们，这个学期的课堂学习部分到今天就结束了，下面我们将进入"'大功告成'：我的练功单元"的学习和实践。老师期待你们的练功分享，更期待你们的成长！

我们将在四周后进行第一个"大功"——"惦记"的练功分享。你们要认真练功，每周完成一张练功单的填写。

"大功"分享之前是自我练功阶段，同学们四人一组，平时要经常交流练功情况。在每个小组内，同学们可以轮流组织交流活动，每周一次。现在，请大家商量确定每周小组交流的负责人，填写到表格中。

第一单元

第二单元

第三单元

第四单元

第五单元

时间	练功交流负责人
第一周	
第二周	
第三周	
第四周	

  请你们平时多与父母交流，和父母共同完成练功环节。我们将在每周用 15 分钟的时间进行组内交流，交流后把填好的"惦记"练功单交给老师保存。最后一次组内交流后，小组要推荐一位同学在练功分享课上与全班同学分享。我们会邀请你们的父母来参加我们的练功分享课。在练功分享课上，每个小组的负责人要说明你们组的推荐理由。每组的分享时间只有 3 分钟，请你们好好准备。

  相信通过这些练功，你们的家庭氛围会更加温馨，你们的生活会更加美好。

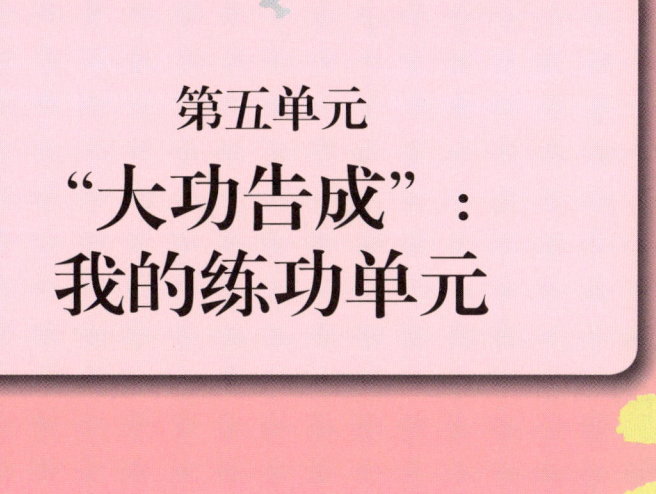

第五单元
"大功告成"：
我的练功单元

单元目标

1. 通过和家长一起分享练功情况，感受彼此之间的惦记。

2. 通过对情绪的觉察和理解，制订惦记家人的目标并开展行动，体会惦记带来的温暖和默契。

3. 理解团队交响的主要特征是团队成员之间此起彼伏的呼应，感受团队成员不同的反应模式在此起彼伏中的作用。

4. 理解团队成员不同的反应模式在实现团队目标中的意义和作用。

5. 提升团队成员间相互倾听、相互欣赏，有矛盾时进行协调，促进彼此成长的能力。

单元内容结构

第九课时 "惦记"练功分享

课 时 目 标

1. 通过和家长一起分享练功情况，感受彼此之间的惦记。

2. 通过对情绪的觉察和理解，制订惦记家人的目标并开展行动，体会惦记带来的温暖和默契。

活 动 安 排

活动一　练功分享（15分钟）

　　同学们，还记得我们学过的三级功夫第三招"惦记"吗？惦记会给我们带来温暖，经常练功，我们的家庭氛围会越来越温暖。今天，就请你们分享一下自己的练功成果。

"惦记"练功单

我观察到的	我惦记的	惦记时我的情绪	我能做的	行动后我的情绪

　　请各组选出一位同学在全班进行分享。每位同学分享后，请大家讨论：在这位同学的故事里，你感受到了什么？对你的"惦记"练功有什么启发？

　　【说明】每个小组分享后，引导学生简单讨论一下，让他们学会倾听，更重要的是

让他们产生共情，学会练功。因此，在分享之前就将讨论的问题提出来，有利于学生认真倾听。

听了同学们的分享，请你们想一想：在"惦记"练功单里，"惦记"练功的五个方面都是必须要填的吗？

【说明】"惦记"练功的五个方面不是必须要填的。"惦记"有时候是在心里，还没有行动，要根据实际的练功情况进行填写。

活动二　我的惦记，爸爸妈妈知道吗？（5分钟）

请同学们与父母进行交流，把自己的惦记说给父母听。

【说明】在交流时要说出"惦记"练功的几个方面。

活动三　孩子，你的惦记我知道了（5分钟）

请父母听完孩子惦记自己的故事之后，对孩子谈谈自己的感受。

【说明】让父母自由地谈自己的感受。

活动四　分享惦记故事（10分钟）

请同学们重点分享与父母沟通之后父母和自己的感受。

布置第二个练功分享（5分钟）

同学们，四周后，我们将进行下一个"大功"的练功分享，分享的内容是

"欣赏团队交响之美"。希望大家认真练功。

在下一个"大功"分享之前是自我练功阶段，同学们四人一个小组（请老师确定每个小组的成员），平时要经常交流练功情况。在每个小组内，同学们可以轮流组织交流活动，每周一次。现在，请大家商量确定每周小组交流的负责人。

时 间	练功交流负责人
第一周	
第二周	
第三周	
第四周	

我们将在每周用 15 分钟的时间进行组内交流，交流后把"欣赏团队交响之美"练功单和团队交响图 ① 交给老师保存。最后一次组内交流后，小组要推荐一位同学在练功分享课上与全班同学分享。在练功分享课上，每个小组的负责人要说明你们组的推荐理由。

【说明】"大功"分享之后，教师可以将学生分享的故事编成册子，让学生选出自己最喜欢的故事，课后统计评选结果，将大家选出的最受喜爱的故事纳入《健康自我成长·学生练功作品集》。

① 关于团队交响图的示例和具体说明，可见第十课时附件部分。

第一单元

第二单元

第三单元

第四单元

第五单元

第十课时 "欣赏团队交响之美"练功分享 [①]

课 时 目 标

1. 理解团队交响的主要特征是团队成员之间此起彼伏的呼应，感受团队成员不同的反应模式在此起彼伏中的作用。
2. 理解团队成员不同的反应模式在实现团队目标中的意义和作用。
3. 提升团队成员间相互倾听、相互欣赏，有矛盾时进行协调，促进彼此成长的能力。

活 动 安 排

活动一 体会团队交响的此起彼伏之美（10分钟）

请各组分享你们的练功情况。

【说明】各组展示的形式由学生自己来定，可以是讲故事，也可以是表演，展示后，教师引导学生进行讨论。

讨论：在同学们的练功分享中，你能感受到什么样的团队交响？

【说明】团队交响是团队成员在完成同一件事情的过程中，朝着一个方向，以不同的反应模式相互推动前进的过程。在分享练功故事时，学生容易说到分工合作，故要引导学生理解不同的反应模式在团队中的作用，并引导学生感受反应模式不同的团队成员此起彼伏地推动着事情的进展。

请同学们画出故事中团队成员的情绪起伏图 [②]。

【说明】由学生画出故事中团队成员的情绪起伏图。

---

① 本课建议用 1—2 个课时完成，不一定每组都分享，关键在于目标的实现。
② 关于情绪起伏图，可参考第八课时相关内容。

活动二　体会团队交响中每个团队成员的作用（15分钟）

在同学们分享的"团队交响"故事中，每个团队成员的反应模式（情绪的正负向、强弱和持续度）分别是什么样的？请你选择一个故事填写下表。

团队活动内容	团队成员	情绪反应模式		
		情绪的正负向	情绪强弱	情绪持续度

填好表之后，请想一想：你是怎么做出这些判断的？

【说明】鼓励学生相互倾听、相互理解，明白在团队成员的反应模式中，要协调团队目标和个人利益，只要是有利于团队目标实现的，就有积极意义，就是有价值的。

活动三　体会团队交响之美发生的条件（15分钟）

讨论：在刚刚的分享中，每个成员在团队中起到了什么作用？

【说明】首先要引导学生解释团队成员反应模式的特点和团队各成员在实现团队目标中的作用，其次要肯定能够做出这样解释的学生具有很强的倾听和欣赏的能力。

请小组成员展示团队交响图（团队交响图示例见本课时附件）。

【说明】每个小组的交响图是在课前让学生画好的，这个环节是让学生展示，让每个学生都能体会到：每个同学不一样就是各美其美，就会产生此起彼伏的美；团队成员相互倾听、相互支持、相互欣赏，遇到矛盾冲突时各退一步，实现了共同的目标就是美美与共的美。"此起彼伏"的美是交响之美的外在形式之美，团队成员有共同的目标，有不同的反应模式，彼此之间相互欣赏、相互倾听、相互支持的美是交响之美的内在协调应和之美，"各美其美又美美与共"的美是交响之美的内涵。

第一单元

第二单元

第三单元

第四单元

第五单元

布置假期练功（1分钟）

同学们，这学期的学习到此结束了。希望你们在假期也能继续坚持练功，不断地感悟和体验美好。假期里，我们进行"惦记"的练功，希望你们及时记录自己的练功故事，开学后我们一起分享。预祝大家假期愉快！

附件

"欣赏团队交响之美" 练功单

团队活动内容	团队成员	情绪反应模式		
		情绪的正负向	情绪强弱	情绪持续度

团队交响图

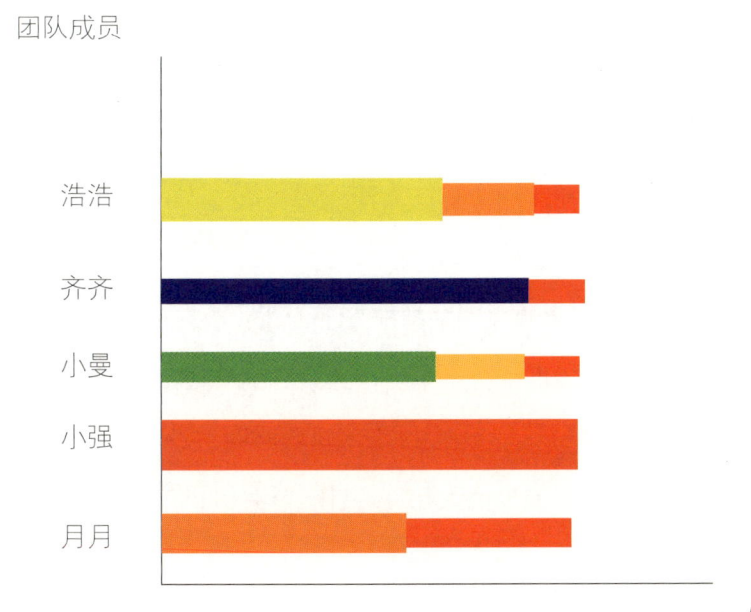

团队成员

浩浩
齐齐
小曼
小强
月月

情绪持续度

【说明】以《我们小组的新年节目诞生了》为例画出上面的团队交响图，其中情绪的正负向用不同颜色表示，情绪强弱用横条的粗细表示，情绪的持续度用横条的长短表示。

参考文献

1. 埃利斯. 理性情绪 [M]. 李巍，张丽，译. 北京：机械工业出版社，2014.

2. Caruso D R, Salovey P. 情商 [M]. 张丽丽，译. 北京：高等教育出版社，2016.

3. 丹尼尔·沙博，米歇尔·沙博. 情绪教育法：将情商应用于学习 [M]. 韦纳，宝家义，译. 北京：教育科学出版社，2009.

4. 傅小兰. 情绪心理学 [M]. 上海：华东师范大学出版社，2016.

5. 季苹，崔艳丽，涂元玲. 理解自我：教育文明的基础 [M]. 北京：教育科学出版社，2014.

6. 郝篆香，蔡敏. 情绪词汇课程：美国提高中小学生情绪素养的有效途径 [J]. 比较教育研究，2013（5）：85-90.

7. Harris. 沟通分析的理论与实务：改善我们的人际关系 [M]. 林丹华，周司丽，译. 北京：中国轻工业出版社，2013.

8. 休谟. 人性论 [M]. 关文运，译. 北京：商务印书馆，2016.

9. 杨俐容. 我是 EQ 高手：加强孩子的情绪管理 [M]. 嘉义：耕心文教事业推广有限公司，2015.

10. 佚名. 蝴蝶的启示 [EB/OL].[2018-09-20].http://www.taodocs.com/P-1365326.html.

出 版 人　李　东
责任编辑　何　薇
插画设计　张亦伦
版式设计　宗沅书装　吕　娟
责任校对　贾静芳
责任印制　叶小峰

图书在版编目（CIP）数据

我的美好时光／李红莲，张雪莲主编 . —北京：
教育科学出版社，2019.8（2023.9 重印）
学生健康自我成长课程／季苹主编
ISBN 978-7-5191-1957-7

Ⅰ. ①我…　Ⅱ. ①李…　②张…　Ⅲ. ①心理健康—健
康教育—青少年读物　Ⅳ. ① G444-49

中国版本图书馆 CIP 数据核字（2019）第 167055 号

学生健康自我成长课程

我的美好时光
WO DE MEIHAO SHIGUANG

出 版 发 行	教育科学出版社			
社　　　址	北京·朝阳区安慧北里安园甲 9 号		邮　　编	100101
总编室电话	010-64981290		编辑部电话	010-64981277
出版部电话	010-64989487		市场部电话	010-64989009
传　　　真	010-64891796		网　　址	http://www.esph.com.cn
经　　　销	各地新华书店			
制　　　作	宗沅书装			
印　　　刷	唐山玺诚印务有限公司			
开　　　本	880 毫米 ×1230 毫米　1/16		版　　次	2019 年 8 月第 1 版
印　　　张	7		印　　次	2023 年 9 月第 3 次印刷
字　　　数	94 千		定　　价	54.00 元